Krieg im Comic?

Grafisches Erzählen zu Militarismus und Gewalt

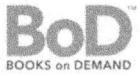

漫畫中的戰爭？

圖像小說中軍國主義及暴力的呈現

傑哈德・毛赫 (Gerhard Mauch) 及
梅安德 (André Maertens) 文集

插畫：芭芭拉・葉林 (Barbara Yelin)、
　　　傑哈德・毛赫 (Gerhard Mauch)

封面插畫及版型：傑哈德・毛赫
　　　　　　　　(Gerhard Mauch)

編者: 梅安德 (André Maertens)

「繪畫與敘述」系列，第一冊

Krieg im Comic?

Grafisches Erzählen zu Militarismus und Gewalt

**Eine Textsammlung von
Gerhard Mauch und André Maertens**

Mit Illustrationen von Barbara Yelin
und Gerhard Mauch

Titelillustration und -gestaltung: Gerhard Mauch

Herausgeber: André Maertens

Reihe „Zeichnen und Erzählen", Band 1

Bibliografische Information der Deutschen Nationalbibliothek:
Die Deutsche Nationalbibliothek verzeichnet diese Publikation in der Deutschen Nationalbibliografie; detaillierte bibliografische Daten sind im Internet über http://dnb.dnb.de abrufbar.

© *2017 André Maertens*

Herstellung und Verlag: BoD – Books on Demand, Norderstedt
ISBN: 978-3-743136502

Inhaltsverzeichnis

Vorwort 7

André Maertens (梅安德)
Der Afghanistan-Krieg als Comic? Teil 1 9

André Maertens
Der Afghanistan-Krieg als Comic? Teil 2 13

André Maertens
Militär- und Kriegskritik: Neue grafische Literatur aus
Deutschland, Frankreich und den USA 17

Gerhard Mauch (傑哈德・毛赫)
Konflikte und Kriege in der Grafischen Literatur
Von Uncle Sam bis Crazy Horse – sechs außergewöhnliche
Bildgeschichten 24

Gerhard Mauch
Von grafischen Reportagen und abenteuerlichen Dokus
Zwei verschiedene Methoden, politische Inhalte
als Bildgeschichte zu gestalten 31

Gerhard Mauch
Bildgeschichten gegen das NS-Regime
Donald, Superman und andere US-Helden zogen gegen
den teuflischen deutschen Despoten in den gerechten Krieg.
Bis auf wenige zählten die deutschen und österreichischen
Zeichner eher zu den braven Mitläufern 37

Heike Oldenburg (海珂・歐登伯格)
Krieg im Comic – „Irmina" von Barbara Yelin 42

Heike Oldenburg
Robert Capa als Künstler-Comic-Biografie im Mini-Format 46

Heike Oldenburg
Ein früher Anti-Kriegs-Comic von einem der Begründer des Comicstrips 49

André Maertens
Was sind Helden? – Kampf-Mangas aus Japan 54

Eleni Huang (黃雅婷)
Ein Vergleich von drei japanischen Kampfcomics 67

„Die Störenfriede" von Gerhard Mauch
– der erste politische Kurzcomic um die Waffenschmiede Heckler & Koch 73

Kommentierte Linkliste 79

Kommentierte Literaturliste 81

Über die Autorinnen und Autoren der Beiträge 84

Danksagung an die fördernden Organisationen 86

Klappentext in weiteren Sprachen 87

Vorwort

Die vorliegende Textsammlung soll dazu anregen, sich mit dem Medium Comic (durchaus kritisch) auseinanderzusetzen – die politischen Bildgeschichten stehen dabei im Vordergrund. Dass sich grafische Literatur, auch in deutschsprachigen Ländern, in den letzten Jahrzehnten zu einer angesehenen Kunstgattung entwickelt hat und mittlerweile als „lesenswürdige" Literatur akzeptiert wird, mag man nicht mehr in Frage stellen (auch wenn mancherorts noch darüber diskutiert wird, ob es sich hier um Literatur handelt oder nicht eher um ein eigenständiges Medium neben Buch und Film). Comics über politische Inhalte jedoch sind immer noch eine Art Randerscheinung. Zu Unrecht, denn viele der Bücher und Bildgeschichten der letzten Jahre, aber auch lange vergangener Jahrzehnte zeigen, dass die gezeichnete Literatur fähig ist, gehaltvoll und tiefgehend zu erzählen. Im vorliegenden Band werden einige dieser Werke besprochen, immer mit den Fragen im Hinterkopf, wie grafisches Erzählen funktioniert, wie der zeichnerische und der gesellschaftliche Kontext aussehen und wie die Rezeption verläuft.

Herzlicher Dank geht an Gerhard Mauch (Gischbl), ohne den dieser Band nicht zustande gekommen wäre! Großen Dank schulde ich auch Heike Oldenburg und Eleni Huang, die ebenfalls Beiträge verfasst haben. Für die chinesischsprachigen Übersetzungen danke ich vor allem Prof. Xin Zhou, Eleni Huang, Prof. Christian Richter und Prof. Chien-kang Tseng. Für die Übertragung der Abstracts ins Chinesische möchte ich außerdem Su, Hsiao-Han danken. Die Übersetzung der Klappentexte in weitere Sprachen haben dankenswerterweise Studentinnen und Studenten der Wenzao-Universität übernommen, Chihiro Sagisaka für das Japanische, Youri Caris für das Niederländische und Rodolphe Guilet für das Französische. Dank für Hilfe bei technischen Fragen gebührt Holger Hähle und Huang, Po-Yen, vor allem aber Dieter Maertens.
Einige der hier abgedruckten Texte wurden bereits im DAKS-Kleinwaffen-Newsletter veröffentlicht, für diese Publikation wurden sie

überarbeitet. Dr. Fabian Sieber danke ich für die freundliche Erlaubnis zum Wiederabdruck.

Für die große finanzielle Unterstützung dieses Sammelbands bedanke ich mich bei der Regionalgruppe Freiburg und dem Landesverband Baden-Württemberg der Deutschen Friedensgesellschaft – Vereinigte KriegsdienstgegnerInnen (DFG-VK), und auch beim DAKS-Kleinwaffen-Newsletter. Weitere Informationen zu unseren SponsorInnen finden Sie am Ende dieses Bands.

Die Themen der hier vorliegenden Texte sind also Krisen und Kriege, sind Waffen und Gewalt, Unrecht und Ungerechtigkeit. Mit diesen Geschehnissen kann man sich in Aktionen und bei Protesten befassen, kann politische Initiativen gegen Kriegsführung und Kriegsbeteiligung auf den Weg bringen, kann über Waffenhandel und Waffenproduktion aufklären und dagegen aktiv arbeiten. Es geht aber selten ohne eine Reflexion über die Unrechtszustände und Unrechtstaten. Hier kommt die Literatur „ins Spiel", und mit ihr die gezeichnete Erzählung. Wir lesen und schauen, wir denken genauer nach, wir stellen Fragen und werden im besten Fall inspiriert oder angespornt, zu Empörung statt Resignation, zu Widerstand statt Passivität. Das Erzählerische regt Fragen und Zweifel an, es lässt Räume für Gedanken und Interpretationen. Todorov schreibt in seiner Anthropologie von Schockwellen, die literarische Werke anders als Sachtexte in uns hinterlassen, und dies trifft dann auch auf Comics bzw. „Graphic Novels" zu. Lesen wirkt!

Viel Spaß beim Lesen dieses Sammelbands wünscht

André Maertens
(Wenzao-Universität, Kaohsiung, Taiwan)

Hinweis: Am Ende jeder Buchbesprechung findet sich ein Abstract in Deutsch und Chinesisch.
註：每篇文章後方都附有德文與中文摘要。

Der Afghanistan-Krieg als Comic? Teil 1

Arne Jysch (Geburtsjahr 1973) hat mit „Wave and Smile" einen graphischen Roman oder „graphic novel" geschrieben und gezeichnet, erschienen ist der knapp 200 Seiten zählende Band 2012 im Carlsen Verlag [1]. Thema ist der Krieg der Bundeswehr in Afghanistan und ist es nicht. Zeichnerische Umsetzungen seriöser Themen sind ja mittlerweile grundlegend akzeptiert, wenn sie auch bei vielen Leuten immer noch auf Skepsis stoßen. Dass man mit dieser skeptischen Haltung auch mal richtig liegen kann, zeigt das Buch von Jysch.

Der Titel „Wave and Smile" bezieht sich auf eine frühere Verhaltensregel der deutschen Soldaten bei Patrouillenfahrten durch bewohnte Gebiete. Doch die Handlung wartet mit ganz anderen Überraschungen auf als friedliches Winken. Jyschs Geschichte ist eine Abenteuererzählung nach Western-Art: Starke Typen, „schneidige Mädels" und eiskalte Schießereien. Eben das, was ein guter Actionfilm oder -comic so braucht. Könnte man sagen. Man könnte aber auch sagen, dass ein Krieg (und hier speziell der von deutschen und anderen Truppen gegen die „Taliban") keine abenteuerliche Gestaltung verträgt, weil es um ernsthafte Themen und Aspekte gehen muss.

Sicherlich, Jysch zeichnet das Bild vom Krieg nicht malerisch. Die Soldaten leiden unter den Bedingungen ihres Einsatzes. Sie fühlen sich missverstanden, ungefragt und können nicht begreifen, dass ihr Engagement bei vielen auf so wenig Entgegenkommen stößt, sogar auf krasse Ablehnung. Auch die Trennung von Familie und Lebenspartnern ist ein Thema. Doch am Ende wird alles aufgelöst in ein Helden-Szenario: Der harte Kerl beißt sich durch, frustiert an den oberen Mächten, die ihn verraten, und fügt sich in die Fatalität seines Daseins. Er muss es eben allein stemmen oder im besten Fall mit Hilfe seiner tapferen Kameraden, die sich für ihn aufopfern. Das ist Wild West, Rambo und nah am Landser-Heft. All die vielseitigen, wichtigen und komplizierten Fragen, die sich zum Thema Afghanistan-Krieg stellen müssten, bleiben ungestellt, stattdessen ist es der einfache Soldat, der wieder einmal als der Naive und Dumme präsentiert wird, obwohl er glaubt, doch nur pflichtgemäß seinen Job zu machen. Politik ist kein Thema. Da hilft es auch nicht, wenn am Ende angemerkt wird, dass „militärische Vorgehensweisen und Ausstattung […] aus künstlerischen und dramaturgischen Gründen teilweise verändert dargestellt" wurden. Das ist nicht der Punkt. Die Abenteuergeschichte als Erzählweise wird dem Kriegsthema nicht gerecht. Spannend und wichtig sollte an diesem Krieg nicht der Kampf der Soldaten sein, sondern wie die Ursachen des Krieges, die Vorgehensweise der jeweiligen Akteure und die Zukunftsvisionen dieses Landes angesprochen werden können. Dies könnten sinnvolle Fragen sein:

Welche Firmen und Regierungen (nicht nur die der ISAF-Staaten) verdienen am Krieg, der immerhin bereits seit 2001 läuft? Welche Interessen verfolgen die am Krieg beteiligten Armeen, etwa die Bundeswehr, die in den letzten Jahren einen enormen Wandel zur Kriegsarmee durchgemacht hat? Warum kümmert sich etwa die deutsche Öffentlichkeit nicht stärker um diesen Wertewandel zur kriegsführenden und kriegstreibenden Nation? Wer wird die Verantwortlichen für Kriegsverbrechen gerichtlich belangen und wer wird für die Kriegsgeschädigten und anderen Kriegsbenachteiligten sorgen? Welche Maßnahmen können von lokalen und von internationalen Kräften unternommen werden, um Frieden und Gerechtigkeit in Afghanistan herzustellen, mögen sie auch schwierig oder unorthodox erscheinen?

Von all dem findet sich nichts in dem vorliegenden Band. Jyschs Buch ist und bleibt ein Abenteuercomic und kann sich mit den zum Teil sehr tiefsinnigen und hintergründigen „graphic novels" nicht messen. Aber die entsprechenden Leser mag das nicht stören… Ärgerlich ist es trotzdem, Carlsen Verlag!

Wer mehr über Arne Jysch (unter anderem über seine intensive Zusammenarbeit mit der Bundeswehr) erfahren will, kann zum Beispiel ein Interview im Deutschlandradio lesen [2] – oder einen seltsam argumentierenden Kommentar von Tim Neshitov in der Süddeutschen Zeitung, der von einer „kulturgeschichtlichen Analyse" spricht [3].

Jysch verweist selbst auf Quellen seiner Recherche, darunter sind „A Million Bullets – The Real Story of the British Army in Afghanistan" von James Fergusson [4] und die Arbeiten der Journalistin Julia Weigelt [5]. Vielleicht ist das aufschlussreich für die weitere Analyse von Jyschs Text?

Unbedingt lesenswert ist die ausführliche Studie „Das gezeichnete Schlachtfeld. Die Story – Der Hintergrund – Die Produktion", die Michael Schulze von Glaßer bereits 2012 bei der Informationsstelle Militarisierung (IMI) veröffentlicht hat [6].

André Maertens, November 2015

Anmerkungen:
[1]
http://www.carlsen.de/taschenbuch/graphic-novel-paperback-wave-and-smile/51222
[2]
http://www.deutschlandradiokultur.de/der-afghanistankrieg-als-comicgeschichte.954.de.html?dram:article_id=216121
[3]
http://www.sueddeutsche.de/kultur/graphic-novel-wave-and-smile-afghanistan-in-aquarell-1.1399883
[4] http://www.jamesfergusson.info/millionbullets.htm
[5] http://www.sicherlich.net/autorin/
[6]
http://www.imi-online.de/2012/08/06/wave-and-smile-comics-ziehen-in-den-krieg/

Zu diesem Aufsatz:
„Wave and Smile" von Arne Jysch war der erste deutschsprachige Comic über den Krieg in Afghanistan und die Beteiligung der Bundeswehr daran. In diesem Beitrag wird kritisiert, dass Jysch den Afghanistan-Krieg vor allem als spannendes Abenteuer zeigt. Im

Vordergrund stehen Action, Kampf und Heldentum der Soldaten – doch die wichtigen politischen Fragen werden nicht gestellt.

阿諾・意緒(Arne Jysch)的《揮手微笑》(Wave and Smile) 是第一本以德語描述阿富汗戰爭，及參與此戰役之德軍的漫畫。本文批評阿富汗戰爭在意緒的筆下，幾乎只是一場驚心動魄的冒險，強調行動、戰鬥及軍人的英勇事蹟，對重要的政治議題卻隻字不提。

Der Afghanistan-Krieg als Comic? Teil 2

Ebenfalls 2012 und ebenfalls im Carlsen Verlag erschien der Band „Kriegszeiten" [1], der einen Seitenumfang von etwa 130 Seiten hat. Der Text ist von David Schraven (Geburtsjahr 1970) [2]; die in diesem Fall nicht weniger wichtigen Zeichnungen sind von Vincent Burmeister (Geburtsjahr 1983). Der Untertitel „Eine grafische Reportage über Soldaten, Politiker und Opfer in Afghanistan" zeigt bereits den großen Unterschied zu Jyschs Band. Schraven, Journalist in Nordrhein-Westfalen und mit investigativer Arbeit gut vertraut, hat unter anderem vor Ort intensiv recherchiert und präsentiert eine durchaus differenzierte Sicht auf das Kriegsland und das Treiben der Mächte in der Region. Das macht seinen Text zu einem interessanten Blick auf die verborgenen Interessen in diesem Konflikt und auf die damit zusammenhängenden kriminellen, politischen und wirtschaftlichen Machenschaften verschiedener Akteure.

Trotzdem gibt es Gründe für deutliche Kritik an dem Band, aus politischer und ästhetischer Perspektive. Obwohl mehr von den Behauptungen eingehalten werden, die schon für Jyschs Band erhoben wurden, weil hier tatsächlich etwas über die Widersprüche und Ungereimtheiten eines Krieges zu erfahren ist, sind es gerade die unvollständige Interpretation des Afghanistan-Krieges und die politisch einseitige Sichtweise, die Probleme bereiten. Schraven beleuchtet unterschiedliche Aspekte und Beziehungen, etwa die sich verändernde Umgangsweise der deutschen Soldaten mit der afghanischen Bevölkerung, aber letztlich bleibt sein Blick ein westlicher. Schlimmer noch, die Deutschen erscheinen oftmals als die vom Kriegsgeschehen Getriebenen, denen kein Ausweg bleibt, als Täter zu werden, weil es eben in einem Krieg so sei. Sie werden Opfer des Krieges. Das dem so sein kann, lässt sich nicht verneinen, aber es kommt nun mal auf die Gewichtung an. Eine Art Fatalismus macht sich breit, um nicht zu sagen, eine depolitisierende Larmoyanz. Wir sollen den Krieg als Krieg benennen, verstehen, dass Soldaten töten (und sterben), aber das Ziel, so Schraven selbst, scheint uns (und ihm) nicht klar zu sein. Hier hätte es geholfen, bei der Recherche eben nicht nur die Bundeswehr- und Soldaten-Perspektive auszuloten, sondern auch die Ansichten und Aussagen von kriegskritischer Seite zu berücksichtigen, die ja nicht wenig substantiell sind und gerade durch ihre Kritik so einiges an hilfreichen Erkenntnissen hervorbringen. Zum Beispiel: Deutschland scheint sich in einer Entwicklung zu befinden, in der viele politisch Verantwortliche eine Kriegspolitik wollen, um international „wieder Anschluss zu finden". Dazu passt Schravens Hinweis auf kommende Einsätze: „Vielleicht im Nahen Osten. Vielleicht in Afrika. Vielleicht in Asien." Dann ist doch schon klar, dass Afghanistan nur ein Zwischenschritt ist. Man muss dieser Argumentation nicht folgen, aber es findet sich keine solche weitergehende Reflexion in dem Band, keinerlei Kritik am Machtgedanken oder an der (Angriffs-)Kriegsbereitschaft. Vielleicht wäre das zu schwermütig, zu bedrückend. Stattdessen finden sich Sätze wie (sinngemäß), dass „das Volk" die Soldaten unterstützen muss. Als ob es um die Soldaten ginge. Wer stirbt denn in Afghanistan? Die NATO-Soldaten?

Vincent Burmeister, mit dem Schraven schon vorher bei dem Band „Die wahre Geschichte vom Untergang der Alexander Kielland" zusammengearbeitet hat, schafft es, den Texten von Schraven eine grafische Umsetzung zu geben, die einen eigenen Charakter hat. Die Zeichnungen sind eindrücklich, haben eine dem Thema angemessene Schwere (auch durch die von Schwarz sowie Gelb- und Brauntönen bestimmte Kolorierung) und helfen dem Leser, sich auf die ernste Problematik zu konzentrieren. Aber Burmeisters Bilder sind auch immer wieder von einer eigenartigen Sensationslust, so dass man sich fragt, ob an manchen Stellen nicht weniger mehr gewesen wäre. Gerade jene Stellen im Text, die den Opferstatus der deutschen Soldaten so sehr hervorheben und welche die eigentlich zu zeigende Unerhörtheit einer deutschen Kriegsbeteiligung verdecken, werden von Bildern begleitet, die dem nicht entgegenwirken, sondern fast überraschend im Klischee einer Kriegsdarstellung stecken bleiben (etwa im dritten Teil des Bandes, der mit dem Reizwort

„Krise" überschrieben ist und in dem Waffen und Kriegstechnik dargestellt werden). Das ist schade und schadet dem Band insgesamt.

(Interessantes Detail: Bevor geschildert wird, wie deutsche und afghanische Truppen bei der Offensiv-Operation „Halmazag" im Oktober / November 2010 gemeinsam eine „Taliban"-Stellung angreifen, wird gezeigt, wie ein Arm ein G36-Gewehr weiterreicht, wobei unklar bleibt, ob es sich bei dem Empfänger um einen deutschen oder einen afghanischen Soldaten handelt.)

Bisher hat der Afghanistan-Krieg keine große Literatur, wie man so sagt, hervorgebracht. Diese „graphic novel" von Schraven und Burmeister wäre eine tiefergehende, literaturwissenschaftliche (wohl auch kritische) Analyse wert. Als Jugendbuch ist der Band allerdings nicht zu empfehlen, auch wenn eine Jugendjury ihn 2013 für ihren Jugendliteraturpreis nominierte. Dafür zeigt er das Geschehen zu einseitig und wirkt dadurch verfälschend.

André Maertens, November 2015

Anmerkungen:
[1] http://www.carlsen.de/hardcover/kriegszeiten/31256
[2] https://de.wikipedia.org/wiki/David_Schraven

Zu diesem Aufsatz:
David Schraven und Vincent Burmeister haben mit „Kriegszeiten" eine grafische Reportage über den Afghanistan-Krieg veröffentlicht, die ein realistischeres Bild als Jyschs Band zeichnet. Sie ist auch zeichnerisch anspruchsvoller. Trotzdem muss diese Darstellung des Kriegs und der Bundeswehr kritisiert werden, weil sie einseitig ist und nur die Perspektive der deutschen Soldaten bzw. Militärführung zeigt.

大衛‧施洛文(David Schraven)和文森‧伯麥斯特(Vincent Burmeister)在《戰爭期間》(Kriegszeiten)一書中,發表了一篇關於阿富汗戰爭的圖像報導,跟意緒(Jysch)的作品相比,此漫畫更接近現實,繪畫技巧也更講究,雖然如此,書中對戰爭與德軍的呈現仍顯不足,因其敘事觀點單一、僅顯示德軍或軍方領導人的看法。

Militär- und Kriegskritik: Neue grafische Literatur aus Deutschland, Frankreich und den USA

Nach der Besprechung von „graphic novels" über den Afghanistankrieg soll es nun um die Frage gehen, wie andere Autoren sich mit dem Thema Krieg (kritisch) auseinandergesetzt haben. Am auffälligsten für den deutschen Kontext ist dabei der Band „Im Westen nichts Neues – nach dem Roman von Erich Maria Remarque" [1] von Peter Eickmeyer und Gaby von Borstel (1964 bzw. 1961 geboren). Dieser Band ist im Splitter-Verlag [2] erschienen und stellt eine grafische Umsetzung von Remarques Bestseller dar. Es wurden Szenen aus dem Roman ausgewählt und mit teils neuartigen Bildern und Motiven, teils mit Zitaten anderer Kriegsdarstellungen – etwa den Pferden in Picassos „Guernica" oder einem der verstümmelten Gesichter aus Ernst Friedrichs „Krieg dem Kriege" – bildlich umgesetzt. Genau genommen handelt es sich bei diesem Band weniger um einen Comic als um eine Illustration von Romanauszügen.

Beim Lesen grafischer Literatur, auch hier bei Eickmeyer und von Borstel, fällt sofort auf, dass nun die Worte des Autors mit Bildern ausgedrückt oder ergänzt werden, dass aber im Unterschied zu den allseits bekannten Verfilmungen dieses Romans Geräusche und Stimmen fehlen (und damit auch der Lärm einer Schlacht). Meiner Ansicht kann dies aber von großem Vorteil sein, weil Autor und LeserInnen dadurch gar nicht erst in Versuchung kommen, das Kampfgeschehen realistisch nachzuzeichnen, wie es in vielen „modernen" Spielfilmen mit Hilfe von allerlei digitaler Tricktechnik geschieht. Das Medium „Comic" hat den Vorteil, dass es zwar Bilder gibt, aber die Lesenden weiterhin, wie bei Literatur eben, ihren Beitrag zur Rezeption leisten müssen – durch das Sich-vorstellen der Situation und das Sich-hinein-denken und -fühlen. Unterhaltung, wie sie bei „harten", aber „angenehm" zu sehenden Filmen wie Spielbergs und Hanks „Band of Brothers" oder Fjodor Bondartschuks 3D-Film „Stalingrad" erzeugt wird, sieht anders aus.

Zusätzlich wirkt Eickmeyers Zeichenstil einer einfachen Aufnahme der Geschichte und der Ereignisse entgegen. Der Band enthält Szenen, die das Grauen des Kampfes zeigen, etwa, wenn sich in einer riesenhaften Darstellung einer Pupille die Körper der im Handgemenge kämpfenden Soldaten spiegeln – ein Stillleben und eine Momentaufnahme von großer Eindringlichkeit. Ebenso verhält es sich mit Bildern von zerrissenen Körpern, die in Bäume geschleudert wurden, und auch mit dem sich verändernden, dünner werdenden Gesicht des sterbenden Soldaten Franz Kemmerich, das in drei „Aufnahmen" gezeigt wird. Beeindruckend ist auch die im Bild sichtbare Weitergabe der Stiefel dieses Soldaten, die den neuen Trägern ja auch nicht mehr Glück bringen wird. Verwunderlich eigentlich, dass jene Szene aus dem sechsten Kapitel nicht aufgenommen wurde, in der nur noch zwei abgeschossene Hände im Stacheldraht eines sogenannten Spanischen Reiters hängen bleiben.

Dieser Band reiht sich in die neue Sichtweisen bietenden Publikationen ein, die im Gedenkjahr 2014 zu Remarques Werk erschienen – darunter die Neuedition der ersten Ausgabe von „Im Westen nichts Neues" durch Thomas F. Schneider, der dort wie hier ein wichtiges Nachwort beisteuert.

Der französische Zeichner Jacques Tardi (Geburtsjahr 1946) ist unter anderem mit Bänden über den Ersten Weltkrieg berühmt geworden, etwa „Grabenkrieg" (ursprünglich 1993, erste deutsche Ausgabe 2002 und gerade neu aufgelegt) und „Soldat Varlot" (2001, französisches Original 1999). Bereits 2014 gab es von Tardi eine für deutsche LeserInnen neue Publikation zum Thema Krieg, nämlich die gemeinsam mit dem Historiker Jean-Pierre Verney erstellte und bei der Edition Moderne mit Sitz in Zürich erschienene Chronik „Elender Krieg. 1914-1919". [3] Dabei handelt es sich um die von Martin Budde vorgenommene deutsche Übersetzung des 2008/2009 bei Castermann in Brüssel erschienenen „Putain de guerre!" bzw. um eine zeichnerische Schilderung aller Kriegsjahre und der direkten Nachkriegszeit, noch ergänzt durch einen langen historischen Überblickstext. Wie üblich spart Tardi nicht mit grässlichen Details und auch die in seinen vorigen Werken zum Thema Stellungskrieg zu findende Verzweiflungshaltung ist in den Bildern und Szenen deutlich spürbar. Ebenso deutlich ist seine Kritik am Militarismus und am Profitdenken der Kriegsgewinnler, aber auch an der Blindheit des „kleinen Mannes", der den Krieg weiter mit- und dadurch möglich macht. Tardi zeigt die Brutalität der Menschen und ihre Opferrolle gleichermaßen. Durch die Chronik wird noch einmal bewusst, wie lange der Krieg geführt wurde und welche Veränderungen bzw. „Erfindungen" in der Zerstörungstechnik er mit sich brachte. Die LeserInnen mögen bei dem von Tardi gezeigten Fatalismus und bei der Schilderung von Kriegswaffen nicht immer zustimmen, seine Werke aber bleiben eine beeindruckende bildliche Kriegsdarstellung. (Übrigens finden sich auch in Tardis Band jene im Ersten Weltkrieg verstümmelten Gesichter, d. h. jene als „gueules cassées" bezeichneten Kriegsopfer.)

Von dem 1960 in Malta geborenen US-Amerikaner Joe Sacco, der sich vor allem mit gezeichnetem Journalismus bzw. mit Comic-Reportagen einen Namen gemacht hat, ist 2014 ebenfalls die deutsche Übersetzung eines Werks über den Ersten Weltkrieg herausgekommen, und kein kleines. Mehrere Meter lässt sich sein Panorama der Front und der Etappe ausklappen, so dass allein die materielle Gestaltung sehr beeindruckend ist (Titel: „The Great War: July 1, 1916: The First Day of the Battle of the Somme", Originalausgabe 2013) [4]. Sprechen will ich aber über Saccos Band „Safe Area Goražde" [5], dessen ursprüngliche Ausgabe im Jahr 2000 herauskam. 2010 erschien es – von Christoph Schuler ins Deutsche übersetzt – unter dem Titel „Bosnien" (ebenfalls bei der Edition Moderne) [6].

Die Interviews, die Sacco für diesen Band mit in der ostbosnischen Stadt eingeschlossenen Menschen geführt hat, seine Berichte über das Leben (und Leiden) der Bevölkerung im Krieg sowie seine eigenen Erlebnisse in der Zeit nach den Kampfgeschehnissen orientieren sich immer direkt an den Menschen, die an der Front gelebt haben. Gewaltschilderungen, genauer gesagt brutale Exzesse und

Genozid, werden schonungslos beschrieben und im Bild gezeigt. Dass Sacco dabei lediglich für die (muslimisch-)bosnischen Figuren seiner Geschichte Partei ergreift, ist nicht zu befürchten, denn immer wieder kommen serbische Menschen vor, die ebenfalls mit Empathie gezeichnet werden.

Der Autor – er selbst sieht seine Texte und Bilder wohl nicht als objektiv an, sondern als *eine* bzw. seine Sichtweise – bleibt sehr realistisch, was die Kriegsentwicklung und die Schilderung der im Krieg lebenden Menschen angeht. Humanität ist das Thema, und angesichts der krassen Zerstörung eines zivilen, friedlichen Lebens wird eben auch ihre Zerstörung besprochen. Der Blick auf den Krieg ist, bedingt durch die Perspektive der belagerten und beschossenen Menschen, kein durchgehend pazifistischer. Doch neben den Kampfbeschreibungen und der damit zusammenhängenden Rechtfertigung von Waffengewalt steht keinerlei Glorifizierung oder Verharmlosung – im Gegenteil wird erkennbar, wie die Gewalt auf unsichtbare Weise die sozialen Verbindungen inner- und außerhalb der Gruppe der Bewohner in Goražde und Umgebung verändert, verhindert und auch zerstört. Ein Zitat von Sacco macht sehr treffend deutlich, was die LeserInnen in dem Band finden: „Ich will, dass die Leser diese Menschen nicht nur als Opfer kennen lernen, sondern als Individuen." Zusätzlich zeigt er die Täter in ungeschönter Weise, Täter zudem, die nicht selten mit Handfeuerwaffen morden und hierbei ihren Opfern sehr nah kommen – und doch keine menschliche Verbindung zu ihnen mehr zu spüren scheinen.

Obwohl es sich bei den drei angesprochenen Werken um Darstellungen unterschiedlicher Kriege und Kriegsparteien handelt, haben sie gemeinsam, dass sie das Leiden der Menschen zeigen, die im Krieg leben (müssen) – immer wieder auch mit Widersprüchen und keinesfalls in Schwarzweißmalerei. Remarques Soldaten halten weiter aus, ebenso jene bei Tardi, sie sehen sich in einer Maschinerie gefangen. Saccos Menschen, hier im nachgezeichneten Interview dargestellt, sehen militärische Maßnahmen durchaus als sinnvoll an und können doch in vielen Fällen nur abwarten und hinnehmen, welche furchtbaren Dinge um sie herum und mit ihnen passieren.

Keiner der Autoren hat an dem jeweiligen Krieg als Soldat teilgenommen. Sacco ist immerhin Zeitgenosse der Geschehnisse und auch ein Augenzeuge der Kriegsfolgen, Tardi sowie Eickmeyer und von Borstel bearbeiten das Thema aus der Distanz (Remarque allerdings war Soldat).

Obwohl in beiden hier beschriebenen Kriegen ein großer Teil der Opfer durch Artilleriewaffen getötet wurde, ist der Einsatz von Schusswaffen, also Kleinwaffen, ein bedeutender Aspekt, der den alltäglichen Krieg, die Zerstörung des Zusammenlebens und die Feindschaft der „einfachen" Menschen entscheidend mitbestimmt. Dies zeigen diese drei Werke der grafischen Literatur deutlich. Sie lassen sich als kritische und wache Lektüre über Krieg bestens empfehlen.

Zum Schluss ein Buchtipp aus der nahen Vergangenheit: Von Wolfgang Wimmer (Text) und Tschap (Zeichnungen) gibt es aus dem Jahr 1984 einen Rowohlt-Band, der sich zwar eher an junge LeserInnen richtet, aber durchaus helle Einsichten über Atomkrieg, „konventionelle" Kriege und Waffenproduktion liefert: „Rüstung – vom Anfang der Erde bis zum möglichen Ende" [7]. Dort heißt es (am Beispiel eines kritischen Blicks auf den Trojanischen Krieg) aus dem Mund eines kaltblütig seinen Profit planenden Waffenhändlers: „Ja, so eine Rüstung hält manche Schlacht aus, der der drinsteckt, meistens nur eine." Und die auch bei heutigen Rüstungs- und Waffenfirmen „beliebte" Belieferung beider Kampfparteien wird salopp angesprochen: „Hoppla, nicht drängeln! Wir haben genug Waffen für alle! Griechen rechts anstellen, Trojaner links!!" Auf die Frage eines Kollegen, wer gewinnen wird, antwortet ein Waffenhändler ehrlich: „Auf alle Fälle wir! Alles, was wir sind und haben, sind und haben wir durch den Krieg, mein Lieber!" – Der Band ist unter anderem in der Universitätsbibliothek Freiburg, genauer im Präsenzbestand des dortigen RüstungsInformationsBüros (RIB) [8] und auch in der Universitätsbibliothek Erfurt zu finden (und zudem antiquarisch zu erwerben). Und ein Zitat aus diesem Buch („Helden kurbeln das Geschäft an.") eignet sich als Kommentar zum neuen „Wald der Erinnerung" in Potsdam [9].

André Maertens, November 2015

Anmerkungen:
[1] https://imwestennichts.wordpress.com/
[2] http://www.splitter-verlag.eu/
[3] http://www.editionmoderne.ch/en/68/autoren/41/jacques-tardi.html
[4] http://www.editionmoderne.ch/en/68/autoren/49/joe-sacco.html
[5] https://en.wikipedia.org/wiki/Safe_Area_Gora%C5%BEde
[6] http://www.editionmoderne.ch/en/68/autoren/49/joe-sacco.html
[7] http://www.booklooker.de/images/cover/user/0410/5415/Ym4wMTc3.jpg
[8] https://katalog.ub.uni-freiburg.de/opac/RDSIndex/Results?type0%5b%5d=ex&lookfor0%5b%5d=id%3A281437327
[9] http://www.bundeswehr.de/portal/a/bwde/!ut/p/c4/DcLBDYAgDAX QWVygvXtzC_VCiv0hFVIIQVlf8x6f_HN5Lcmw6lJ45-OyNU6KU0EJCs9wmlI0KHpAN3f0xxO1Xm_kwS1vywfeHdk4/

Zu diesem Aufsatz:
In diesem Beitrag werden Bildgeschichten besprochen, die den Ersten Weltkrieg und den Bosnienkrieg der 1990er Jahre als Themen haben. Gaby von Borstel und Peter Eickmeyer zeigen Teile von Remarques Klassiker „Im Westen nichts Neues" und illustrieren diese Romanauszüge.

Der französische Comiczeichner Jacques Tardi setzt seine Darstellung des Ersten Weltkriegs fort und legt eine Chronik der Jahre 1914 bis 1918 vor. Diese Erzählweise ermöglicht es, die Entwicklung der Waffentechnik und die soziale Auswirkung des Zerstörungspotentials zu beobachten.

Der US-Amerikaner Joe Sacco hatte nach dem Bosnienkrieg die ostbosnische Stadt Goražde besucht, die drei Jahre von serbischem Militär belagert worden war. Seine Begegnungen mit Menschen, die die Belagerung überlebt haben, zeigen, wie der Krieg die Gesellschaft radikal verändert hat.

本文探討以第一次世界大戰和 90 年代波士尼亞戰爭為主題的圖像小說。

嘉比・馮・博爾斯特爾(Gaby von Borstel)和彼得・艾克麥爾(Peter Eickmeyer)擷取雷馬克(Remarque) 經典小說《西線無戰事》(Im Westen nichts Neues)中的部分情節，以漫畫方式呈現。

法國漫畫家雅克・塔爾迪(Jacques Tardi) 延續他對第一次世界大戰的描述，出版了一本 1914-1918 年的編年史。他的敘述方式有助於觀察武器技術的發展，以及其對社會可能會造成的負面影響。

美國人喬・賽可(Joe Sacco)在波士尼亞戰爭後，採訪了位於波士尼亞東邊的戈拉日德市(Goražde)，這個城市曾被塞爾維亞軍隊圍攻三年。透過他與倖免於難的人民的訪談，可看出這場戰爭如何極端地改變了當地人的生活。

Konflikte und Kriege in der Grafischen Literatur
Von Uncle Sam bis Crazy Horse
– sechs außergewöhnliche Bildgeschichten

Vorab etwas Einblick in die Entwicklung des Mediums
Erst möchte ich etwas in das Medium einführen. Comic – der gängigste Begriff, der aber auch die meisten Missverständnisse hervorruft, wurde erstmalig im Jahr 1929 in der US-amerikanischen Presse verwendet. Er umschrieb die kleinen Bildfolgen mit Witzbildern, die dann zu „Comicstrips" wurden. Der Begriff stand dann in den 50ern auch für längere Bildgeschichten und wurde in dem US-amerikanisch dominierten Nachkriegsdeutschland kritiklos übernommen. In Ländern mit einer eigenen Tradition im Umgang mit der Bildgeschichte entstanden Umschreibungen wie „Bande Dessinée" (gestaltete Streifen / Frankreich, Belgien), „Manga" (viele Bilder, Japan), „Historietas" (kleine Geschichten, Argentinien) und „Fumettos" (Sprechblasen, Italien). „Comic" verstehen bei uns viele auch als karikaturistisches Einzelbild. In Radio und Fernsehen wird der Begriff „Comic" häufig für witzige, slapstickartige Einzelszenen gebraucht. Bei dieser breitgefächerten Definierbarkeit sahen sich Experten und Verlage in den letzten Jahren genötigt, mit der Bezeichnung „Graphic Novel" das Genre genauer zu benennen. „Graphic Novel" war der US-amerikanischen Zeichner-Legende Will Eisner schon in den 70er Jahren eingefallen, weil er in seinen Bildgeschichten aus der Bronx nichts Witziges entdecken konnte. In der Fachpresse ist häufig von „Grafischer Literatur" oder schlicht „Bildgeschichte" die Rede. Viele Experten sehen das Medium in einer mehrere Jahrtausende alten Tradition der Bildgeschichte, der Weitergabe bildlicher Information. Gerade weil der Grafischen Literatur in Deutschland immer noch die angebrachte Würdigung versagt bleibt, sollte man sie nicht auf die Funktion eines rein pädagogisch einsetzbaren Hilfsmittels oder auf eine interessante Adaption einer populären Romanvorlage reduzieren. Das Medium hat seit Beginn des 20. Jahrhunderts beginnend mit den einzigartigen jugendstil-

geprägten Fantasy-Geschichten von Windsor McCay permanent eigene bedeutende Werke hervorgebracht. Die Bildgeschichte setzt schriftstellerisches, kreatives und grafisch-zeichnerisches Potential voraus. Häufig vereint eine Person diese Fertigkeiten, oft stehen auch zwei oder mehrere Personen für „geniale Ergebnisse". Einige herausragende Könner des Genres seien noch genannt: Uderzo, Goscinny, Giraud, Hermann, Derib, Ross, Miller, Loisl, Manara, Peters, Schuiten, Franquin, Frei, Puck, Moebius...

In fast allen Bänden, die ich in der Folge vorstelle, kommen die USA vor. Eine Weltmacht, mit großem Aggressionspotential ausgestattet und immer bemüht, ihre Kriege als gerecht, die Freiheit (des Konsums) verteidigend und gegen den internationalen Terrorismus gerichtet zu etikettieren. Interessante Einblicke in Mentalität und Geschichte der Vereinigten Staaten gibt der 92-seitige, 1998 erschienene Band mit dem Titel „US". Die Abkürzung steht für Uncle Sam. Sam ist die personifizierte, von Kriegen geprägte Geschichte der USA. Der alte, verwahrlost wirkende Greis führt den Betrachter durch einige unrühmliche Momente seiner Vergangenheit. Sam wechselt permanent zwischen Realität und Erinnerung, wobei meistens verschiedene Orte oder Ereignisse der Gegenwart Impulse für die Rückschau sind. Herausragende Stationen sind die Versklavung der afrikanischen Minderheit und der Genozid an den Ureinwohnern. Bei den vielen geschichtsträchtigen Namen, die bei uns sicher nicht „geschichtliches Allgemeingut" sind (Shay, Coolidge, Ardoin), kommt man ohne Recherche nicht aus. Dennoch ist der Band mit den prägnanten Bildern und der beeindruckenden Seitengestaltung von Alex Ross und dem abwechslungsreichen Szenario von Steve Darnall ein herausragendes Stück Bildgeschichte.

Der selbsternannte Weltpolizist kommt auch in den vier unterhaltsamen Kurzgeschichten des Spaniers Luis Garcia vor. Garcia, der seit den 70ern in den USA lebt, hat in beeindruckenden, in Schwarz-Weiß gehaltenen Sequenzen die Widerstandsgeschichte der Häuptlinge Tecumtha und Crazy Horse dokumentiert. Kriegsschauplätze wie „Little Big Horn" und „Wounded Knee" kommen vor. In einer weiteren Darstellung klagen Vertreter der Ureinwohner die von Gier und Macht geprägte Mentalität des „weißen Mannes" an. Die letzte Geschichte behandelt das Bataillon von St. Patrick. Hier solidarisiert sich eine Gruppe von Soldaten mit dem mexikanischen Widerstand gegen die Expansionsbestrebungen der USA. Die kurzen Bildgeschichten mit insgesamt 43 Seiten erschienen im Jahre 1981 in der Comiczeitschrift „Pilot" (Nr. 1-7), einer Adaption des legendären französischen Magazins „Pilote" (1959 mit den ersten Asterix-Seiten).

Gleich zwei Bände behandeln die Revolution von 1979 in Nicaragua. Der deutsch-spanische Zeichner Manfred Sommer benutzt in seiner 50-seitigen Bildgeschichte von 1985 den Journalisten Frank Cappa für eine kritische und spannende Aufarbeitung der Somoza-Diktatur, aber auch für die kritische Betrachtung des bewaffneten Widerstands. In „Somoza und Gomorra" begleitet Cappa die sandinistische Widerstandsgruppe um Comandante Alphonso. Er beschreibt „den Alltag", der aus Gegensätzen wie dem blutigen Kampf mit dem Militär und der innigen Liebesbeziehung von German und Violeta besteht. Der Plot ist vielschichtig aufgebaut und beinhaltet den Dialog zwischen Cappa und Alphonso, die Entwicklung der Liebesbeziehung und die Darstellung einer Kampfmethode. Die gekonnt schattierten Schwarz-Weiß-Zeichnungen sind zu interessanten Seitenkompositionen zusammengefügt und verleihen der Handlung eine ideale Optik.

Auch der französische Zeichner Emmanuel Lepage [1] begibt sich in seinem 158-seitigen Band mit dem Titel „Muchacho" von 2008 in die Tiefen des nicaraguanischen Urwalds. Sein Protagonist heißt Gabriel de la Serna und ist ein junger, aus einem reichen, dem Diktator gewogenen Hause stammender Priesteranwärter. Er soll im Dschungeldorf San Juan den Innenraum der Kirche malerisch verschönern. Hier trifft er auf einige den Sandinisten zugewandte Dorfbewohner. Zwangsläufig ist er Zeuge von Schikanen durch das

Militär. Als das Militär das Dorf niederbrennt, schließt sich de la Serna einer sandinistischen Revolutionsgruppe an. Die Geschichte lebt von der Person de la Serna. Er durchläuft verschiedene Bewusstseinsebenen, kämpft gegen innere Widersprüche und geht im Untergrund eine homosexuelle Beziehung ein. Die detaillierten Bilder sind virtuos und dezent aquarelliert und werten die Geschichte zusätzlich auf.

„Der rote Baron" ist der Titel eines 106-seitigen Bandes von dem US-Amerikaner George Pratt [2]. In der Bildgeschichte von 1990 geht es um einen reizvollen Generationendialog. Der amerikanische Journalist und Vietnamveteran Mannock besucht den „Fliegerhelden" aus dem Ersten Weltkrieg von Hammer für ein Interview in einem Sanatorium auf der Insel Föhr. In diesem in mehreren Phasen stattfindenden Gespräch kristallisiert sich heraus, dass Krieg nie eine Lösung darstellt und dass viele Beteiligte ein Leben lang traumatisiert sind und sich die Eindrücke nicht vollständig verarbeiten lassen. Geschildert wird das US-Massaker von My Lai genauso wie die versöhnliche weihnachtliche Begegnung von deutschen, französischen und britischen Soldaten im ersten Kriegswinter des Jahres 1914. Mit herrlich aquarellierten Bildern gelingt es dem Zeichner, diese Welt des Wahnsinns zu vermitteln.

Nordirland ist der Schauplatz der Graphic Novel mit dem Titel „Die Kelly-Brian-Story". Sie gibt Einblick in den Kampf für ein freies Nordirland durch die Gruppierungen Sinn Fein und IRA (Irish Republican Army). Seit 1948 gibt es die von England anerkannte Republik Irland. Die Menschen in den sechs Grafschaften des Nordens (auch Ulster genannt) wehren sich seit dem 18. Jahrhundert gegen die rücksichtslose englische Machtpolitik. Die Hauptfigur der 2007 erschienenen Bildgeschichte ist Seamus O´Neil. Inzwischen Student in den USA schildert er seinem Freund Jason Fly sein Leben als Widerstandskämpfer im bewaffneten Teil der IRA [1]. Als Informant ist er an mehreren Anschlägen beteiligt. Sie lassen bei ihm erste Zweifel am bewaffneten Kampf aufkommen. Bald wird er verhaftet und flieht nach zwei Jahren Haft mit Hilfe der IRA in die USA. Dort wird er zum Student Brian Kelly. Nach einigen Jahren sorglosen Studiums will ihn die IRA mit einem Waffendeal in Kuba beauftragen. Er will jedoch mit dem bewaffneten Kampf nichts mehr zu tun haben. Als er den Auftrag ablehnt, wird er von seinem Onkel regelrecht exekutiert. Dieser wiederum wird von einer CIA-Agentin erschossen. Das Ende zeigt, welchen Interessensphären die Freunde Jason und Seamus über die Jahre ausgesetzt waren. Der begnadete Szenarist und Erzähler Jean van Hamme gestaltete durch den Wechsel von Erzählsequenzen und realem Geschehen einen beeindruckenden Plot. Weiter aufgewertet wird der Band durch den zeichnerischen Beitrag von Jean Giraud.

Gerhard Mauch, Fan der Bildgeschichte und Zeichner,
November 2015
www.fechenbach.de/ws/mauch.htm

Anmerkungen:
[1] Aus der dem bewaffneten Kampf verschriebenen IRA ging 1969 ein „offizieller, institutioneller" Teil hervor.

Quellen zur Geschichte des Mediums: Comic Welten – Havas, Habarta, Ed. Comic Forum, 1992, Geschichte im Comic, Munier, Unser Verlag 2000, Comicjahrbücher 2010 und 2011, Icom

„Muchacho" ist wahrscheinlich der einzige Band, der noch im Buchhandel erhältlich ist.
+ Alle beschriebenen Bildgeschichten sind über das Antiquariat des Versandhändlers „Sammlerecke" erhältlich.
0711-315484-0, info@sammlerecke.de, www.sammlerecke.de
+ Ein weiterer Versandhändler ist die „Bremer Comicmafia", die nicht alle, aber ein paar der genannten Bildgeschichten führt. 0421-5360636, info@comicmafia.de, www.comicmafia.de
+ Aber auch Ausleihe ist möglich. Mein Bestand umfasst ca. 800 Bände, Bücher, Hefte der Grafischen Literatur. Ich habe Ausstel-

lungen zu Themen wie „Süd-Nord", „Menschenrechte", „Religionen, Rituale", „Rassismus", „Western von gestern" zusammengestellt. Dazu gibt es kleine Kataloge mit Kurzbeschreibungen. Wenn Sie hochwertige Bildgeschichten probelesen möchten, melden Sie sich bei: Gerhard Mauch, 0741-1757903, Mail: gischbl06@yahoo.de

Anmerkungen:
[1] https://fr.wikipedia.org/wiki/Emmanuel_Lepage
[2] https://de.wikipedia.org/wiki/George_Pratt

Zu diesem Aufsatz:

Von Uncle Sam bis Crazy Horse
Sechs besonders gut gelungene Bildgeschichten zum Thema Krieg, Krisen, Konflikte werden vorgestellt. Zuerst wird das Medium definiert und es erfolgt ein kleiner Abriss zur Entstehung der Bildgeschichte. Im Band „US" blickt Uncle Sam, die personifizierte US-amerikanische Geschichte, zurück – u. a. auf Bürgerkrieg, Sklaverei und Indianerkonflikte. Populäre Schlachten (Little Big Horn und Wounded Knee) zwischen Indigenen und Invasorenarmee beleuchtet Luis Garcia eindrucksvoll. In zwei schönen Bänden geht es um die nicaraguanische Revolution von 1979. In „Der rote Baron" stellen sich im Bezug auf den Ersten Weltkrieg und den Vietnamkrieg zwei Veteranen die grundlegende Frage nach dem Sinn. Und auch der bewaffnete Kampf der irischen Befreiungsarmee wird im Band „Die Kelly-Brian-Story" kritisch beleuchtet.

從山姆大叔到瘋馬
本文介紹六個特別傑出、以戰爭、危機與衝突為主題的圖像小說。文中先定義漫畫，緊接著簡述漫畫的形成。 在《US》一書中，山姆大叔－美國歷史的化身－回顧當年內戰、奴隸制度和與印地安人的衝突等等。路易斯·加爾西亞闡述家喻戶曉的原住民對抗入侵者戰役（小大角戰役與傷膝河大屠殺），讓人印象深刻。另有兩本出色的、敘述1979年尼加拉瓜革命的書,《紅男爵》一書中,兩名退伍軍人針對第一次世界大戰及越戰,質疑戰爭的意義何在,《凱莉・布萊恩的故事》也從批判的觀點看愛爾蘭解放軍的武裝鬥爭。

Von grafischen Reportagen und abenteuerlichen Dokus
Zwei verschiedene Methoden, politische Inhalte als Bildgeschichte zu gestalten

Ich habe die letzten knapp 30 Jahre als Sammler der grafischen Literatur / der Bildgeschichte [1] aber auch als Gestalter von neun kleinen Bildgeschichten (10-20 Seiten) zu meist entwicklungspolitischen Themen reichlich Erfahrung mit dem Medium gesammelt. Dabei beschränke ich mich beim Sammeln nicht auf kritische Inhalte, sondern interessiere mich für alle Genres (z.B. Sience-Fiction, Funnys, Western, Fantasy, Satire), die das Medium zu bieten hat. So bin ich mit den verschiedenen Ausdrucks- und Produktionsformen inzwischen recht vertraut.

Bei Bildgeschichten, die kritische Themen aufgreifen, liegt es auf der Hand, dass das Medium die Inhalte nicht in ihrer ganzen Komplexität erfassen kann. Es kann die Inhalte allerdings in attraktiver, animierender Form aufgreifen und sogar teilweise vertiefen.

Schon in den 80er Jahren entstanden verstärkt hochwertige Bildgeschichten wie z. B. Deribs Serie „Red Road", „US" von Ross / Darnall, „Invasion aus dem Alltag" von Seyfried, „Schrei nach Leben" von Cothias / Gillon oder „Somoza und Gomorra" von Sommer. Ihre Merkmale sind ein hohes zeichnerisches Niveau, reizvolle Perspektiven, kreative Seitengestaltung, gute Dramaturgie. Die Synthese dieser Elemente macht das Medium erst stark.

Über genannte Eigenschaften verfügen Publikationen wie z. B. „Barfuß in Hiroshima" von Nakazawa, „Palästina" von Sacco und „Maus" von Spiegelman weder in ihrer erzählerischen, noch in ihrer darstellerischen Form. Was mich irritiert, ist, dass genau diese Bildgeschichten immer wieder beispielhafte Erwähnung in den Medien finden und gar mit einigen Preisen ausgezeichnet wurden. Ich kann mir das nur mit dem mangelnden Überblick von Journalisten und Juroren erklären.

Meine vorangegangene Klassifizierung mag arrogant erscheinen. Darum will ich mit dem Vergleich von zwei Zeichnern und Autoren mit sehr unterschiedlichen Macharten meine Thesen belegen.

Er gilt als der Pionier der grafischen Reportage – obwohl die früher entstandene Bildgeschichte „Maus" von Art Spiegelman ähnlich detailliert angelegt ist. Der Amerikaner Joe Sacco (Jg. 1960) ist studierter Journalist und hatte sich schon einige Zeit vor seiner ersten eigenen Bildgeschichte („Palästina") dem Medium u. a. als Redakteur eines Comicjournals und Mitbegründer eines Satiremagazins zugewandt. 1991 bereiste er Israel und die besetzten palästinensischen Gebiete und setzte sich dort intensiv mit dem Konfliktalltag der palästinensischen Bevölkerung auseinander. 1993 entstanden dann erste kürzere, reportageartige Geschichten, die dann 1996 in das „opulente Werk Palästina" mündeten. Als Autoren mit „verwandter Ausrichtung" nennt er u. a. Ware, Satrapi und Spiegelman.

Es wird deutlich, dass die detaillierte Reportage im Vordergrund steht. Mehrere Monate hielt sich Sacco in Israel und Palästina auf und so entstand ein umfangreicher Bericht, der auf knapp 290 Seiten seine Eindrücke dokumentiert. Ich empfand bei meiner mühsamen Bewältigung der Handlung, dass der Verfasser die einzelnen Stationen und Besuche seines Aufenthalts mehr oder weniger chronologisch „abgearbeitet" hat. Kein dramaturgischer Verlauf, kein überraschender Szenenwechsel, keine Zuspitzung, die den Betrachter und Leser mitgerissen hätten. Eine gute Bildgeschichte besticht, wenn sie vermag, den Rezipienten zu fesseln. Das gewährleistet auch, dass Inhalt nachhaltig wirkt.

Die ideale Synthese der zeichnerisch-grafischen Gestaltung und einer interessanten Erzählweise zeichnet die Bildgeschichten als besonders attraktives Medium aus. Das Handwerk erlernte Sacco autodidaktisch – was kein Qualitätsmangel sein muss. Im Gegenteil kann der Erwerb von Fertigkeiten durchaus intensiver verlaufen. Sacco war offensichtlich nie bestrebt, über ein gewisses Niveau hinauszukommen.

Seine Darstellungsmöglichkeiten sind begrenzt. Den Figuren fehlt es meist an Ausdruckskraft und Lebendigkeit. Sie sind auch anatomisch und perspektivisch mit Fehlern behaftet. Weiter sind die Zeichnungen von etwas unbeholfen angebrachten Schraffuren geprägt. Gelegentlich erzeugt er damit Licht-Schatteneffekte. Häufig dienen sie aber nur als „Füllmaterial". Ich will einräumen, dass er in den Bänden nach „Palästina" zeichnerisch und auch im Umgang mit Licht und Schatten Fortschritte gemacht hat – dennoch bewegen sich die Zeichnungen und die Seitengestaltung weiter auf eher handwerklich niederem Niveau. Ich muss einräumen, dass Saccos Geschichte über ein hohes Maß an Authentizität verfügt und so als unmittelbar Erlebtes seine Berechtigung hat und bei etlichen Personen gut ankommt. Dennoch hätte es ihn nicht hindern müssen, sich etwas mehr um einen guten Erzählstil zu bemühen.

Bei dem Deutsch-Spanier Manfred Sommer (1938-2007) war der Ansatz sicher ein anderer. Er wollte wohl interessante Geschichten erzählen – hatte aber wohl auch den Anspruch, authentische Bezüge herzustellen.

Bereits mit 14 Jahren publizierte er seine erste Bildgeschichte. Mit 21 Jahren wanderte er erst nach Frankreich aus. Später lebte er eine Zeit lang in Belgien.

In beiden Ländern erhielt er in den schon reichlich vorhandenen Studios eine gute, professionelle Ausbildung. Er arbeitete an etlichen Zeitungsstrips und Cartoonfilmen mit. Anfang der 60er verlagerte er seinen Schwerpunkt allerdings auf die Malerei. Als Gestalter von Buchtiteln und Illustrationen war er sehr gefragt. Aber auch seine Ausstellungen stießen auf große Resonanz.

Seine Rückkehr nach Spanien im Jahr 1979 markiert auch eine Veränderung seiner eigenen Interessenlage. Er fand besonderen Gefallen an Bildgeschichten. Anfang 1980 entstand die erste Episode um den Fotoreporter Frank Cappa. Die Serie sollte bald internationale Anerkennung finden. Sommer hat die Figur dem legendären Fotoreporter Robert Capa nachempfunden. Dem realen Robert als auch dem fiktiven Frank lag daran, den Widersinn des Krieges zu dokumentieren. Das entspricht auch Sommers persönlicher, antimilitaristischer Haltung. Für die meisten Folgen seiner Serie recherchierte er vor Ort. In einigen Sequenzen kommen Sommers Protagonisten gar philosophische Gedanken zum Thema: „Und in allen Kriegen tun die

Menschen dieselben Dinge... dieselben widerlichen und schrecklichen Dinge... mit einer bösartigen, immer gleichen Monotonie."

Das Besondere – der erfahrene Cappa vermag Kriegserfahrungen und politische Erkenntnisse (z. B. Rolle der zivilisierten Welt) immer wieder mit aktuellen Situationen zu verbinden. Und als guter Erzähler verharrt Sommer nicht stur auf der thematischen Hauptebene, sondern baut andere Figuren mit ihren Beziehungen, mit ihrem Schicksal in die Handlung ein. So wechselt er zwischen verschiedenen Erzählebenen, um sie zu einem häufig tragischen Ende wieder zusammenzuführen. Das hält die Aufmerksamkeit aufrecht.

Ich bin sicher, dass so angelegte Geschichten weit mehr haften bleiben als ein chronologisch abgehaktes Geschehen. Es ist nicht verwunderlich, dass Sommer mit dem legendären Zeichner, Autor und Kosmopoliten Hugo Pratt befreundet war. Pratts Abenteuerzählungen und die Serie „Corto Maltese" finden immer noch weltweit Beachtung. Auch Pratt hat als weitgereister Mensch gut recherchiert und seine Geschichten häufig in Kriegs- und Krisenregionen angesiedelt.

Sommers Zeichnungen profitieren besonders vom guten Strich. Gerade in Schwarz-Weiß vermögen die Bilder mit gekonnt gesetzten Kontrasten und lebendigen Figuren zu fesseln. Aber auch Kolorierung und Seitengestaltung sind von bester Qualität. Seine Arbeiten verfügen über das, was eine gute Bildgeschichte ausmacht – eine gut erzählte Geschichte und ein attraktiver grafisch-zeichnerischer Teil.

Grundsätzlich ist ja in jedem Metier nichts dagegen einzuwenden, wenn neue Ideen und Ausdrucksformen entstehen. Und wenn ich mir anmaße, über einen gewissen Überblick zu verfügen, sind die letzten Jahre immer wieder innovative, interessante Neuerungen in der Seitengrafik und in der zeichnerisch-malerischen Gestaltung aufgetaucht. Bei Sacco, Ware, Satrapi und Co. fällt auf, dass sich alle bei Spiegelman wiederfinden. Gemeinsam ist den Genannten, dass ihnen die zeichnerische Ausdruckskraft nicht so wichtig zu sein scheint – oder schlicht die handwerklichen Fertigkeiten fehlen. Ob diese Art der Reportage beim Rezipienten einen bleibenden Eindruck hinterlässt, wage ich zu bezweifeln.

Schade finde ich, dass die aktuelle Presse die vielen in den 80ern und 90ern entstandenen dokumentarischen Bildgeschichten ignoriert. Außer Pratt und Sommer will ich weitere Zeichner und Autoren nennen, die im Genre der Dokumentation viel geleistet haben: Cosey, Derib, Ross, Darnall, Kreitz, Breccia, Giroud, Giraud, Gibrat, Stalner, Bess, Jodorowsky, Manara, Blanc-Dumont, Harle, Eisner, Huppen, Seyfried u.v.m.

Gerhard Mauch, November 2015

Anmerkungen:
[1] Bildgeschichte erscheint mir in der deutschen Sprache die am besten geeignete Umschreibung für das Medium. Darum wird er statt Graphic Novel, grafischer Literatur oder Comic meistens auftauchen.

Quellen: Geschichte im Comic, Munier, Unser Verlag 2000, Comic Forum Nr. 16 1982, Comic Jahrbuch 1986, Wikipedia Sacco

+ Ergänzende Literatur: Ich möchte hier noch besonders auf das Sachbuch „Geschichte im Comic" von Gerald Munier verweisen. Es stammt aus dem Jahr 2000 und enthält eine Vielzahl von meist ausführlichen, analytisch angehauchten Rezensionen zu Bildgeschichten aus den 80er und 90er Jahren. In chronologischer Folge sind verschiedene Epochen vom Mittelalter bis in die Jetzt-Zeit enthalten. Er untersucht die Bände u. a. auf ihren tatsächlichen historischen Gehalt und die Verwendbarkeit im Unterricht. Das Buch ist evtl. noch im Antiquariat erhältlich.
+ Mein Service: Ich verfüge über thematisch geordnete Listen von Bildgeschichten. Suchen Sie Material zu „Ihrem Thema", schicke ich Ihnen gerne etwas zu. Auf Wunsch sind ergänzend Zeichner-Biografien und – wenn vorhanden – Rezensionen möglich (z. B. auch aus Muniers Buch).

Zu diesem Aufsatz:

Von grafischen Reportagen und abenteuerlichen Dokus
Geschildert werden die unterschiedlichen Methoden, politische Konstellationen zu dokumentieren. Der spanische Zeichner Manfred Sommer bettet seine Geschichte über die Revolution von 1979 in Nicaragua über die Frage nach dem Sinn eines Krieges in ein dramaturgisch interessantes Geflecht von persönlichen Beziehungen ein. Joe Sacco berichtet mehr dokumentarisch nüchtern von der Situation der Palästinenser unter dem Diktat der israelischen Staatsmacht.

圖像式的報導與充滿冒險故事的紀錄
本文介紹漫畫家以不同的手法呈現政治局勢。西班牙插畫家曼弗雷德・索莫以充滿戲劇性且錯綜複雜的人際關係為框架，敘述1979年尼加拉瓜革命的故事，並探討戰爭的意義；喬・薩科以紀錄片風格，客觀的報導巴勒斯坦人如何受制於以色列政府。

Bildgeschichten gegen das NS-Regime
Donald, Superman und andere US-Helden zogen gegen den teuflischen deutschen Despoten in den gerechten Krieg. Bis auf wenige zählten die deutschen und österreichischen Zeichner eher zu den braven Mitläufern

Der 1903 geborene Grafiker Carl Meffert war schon in den 20ern für verschiedene linke Verlage und Zeitschriften tätig. Er hatte Kontakt mit Kollwitz, Grosz und Zille. [1] Mit der Machtübernahme der Nazis emigrierte er in die Schweiz und legte sich den neuen Namen Clement Moreau zu. Da illegal in der Schweiz, floh er 1935 nach Argentinien. Dort arbeitete er erst als Zeichenlehrer, gehörte dann zu den Mitbegründern des antifaschistischen Hilfskomitees „Das andere Deutschland". Für dessen gleichnamiges Organ „Otra Alemania" zeichnete er politische Bildgeschichten. 1938 veröffentlichte er in der deutsch-sprachigen Publikation „Argentinisches Tagblatt". 1940 entstanden für die spanische Zeitung „Argentina Libre" diverse Comicserien. Der ersten Serie gab er den bezeichnenden Titel „Mein Kampf". Darin vermochte er mit satirischen Mitteln den Diktator bloßzustellen. Danach entstand die Serie „Comedia Humana – mein Kampf Teil 2", die er neben „Argentina Libre" auch noch in „Critica" und „La Vanguardia" unterbrachte. Die deutsche Botschaft in Argentinien versuchte per Gericht weitere Publikationen zu unterbinden. Als das misslang, wurde Moreau ausgebürgert. Nach der Machtergreifung durch Perón durfte er nicht mehr offen gegen die Nazis agitieren und er wurde nach Patagonien verbannt.

Ladilaus Kmoch, der zeichnerisch als Ludwig Kmoch firmierte, zeichnete in den 20er Jahren bereits für das legendäre deutsche Satireheft „Simplicissimus" und in Österreich gestaltete er ganzseitige Bildgeschichten für die Satireschrift „Götz von Berlichingen". Für die sozialistische Tageszeitung „Das kleine Blatt" schuf er ab 1930 den ersten europäischen Tages-Strip mit dem Titel „Tobias Seicherl". Auch in Österreich drohte in dieser Zeit eine Radikalisierung von rechts und so entwarf Kmoch seine Figur als tölpelhaften Spießer. Er persiflierte gekonnt die Dumpfheit der „Heimwehrbewegung" und setzte später immer wieder Seitenhiebe gegen Hitler und die Nazis. Bis 1934 blieben die Seicherl-Strips unzensiert und erreichten in Österreich große Popularität. Im selben Jahr wurde im Alpenstaat die sozialdemokratische Partei verboten und die Figur Tobias Seicherl verlor sich in trivialen Alltagsgeschichten. Kmoch musste kapitulieren...

In den USA hielten sich zu Beginn des 2. Weltkriegs die meisten Verlage erst zurück, ihre Figuren gegen Hitlers Regime zu positionieren. Erst nach Pearl Habour und dem Eintritt der USA in den Krieg im Dez. 1941 wurden vor allem die populären Comicfiguren mobilisiert. Disney produzierte einige gegen Nazideutschland gerichtete Filme, die zum Teil von US-Ministerien und von der kanadischen Regierung finanziert wurden. Die bekanntesten Filme hießen „The Fuehrer's Face" und „The new Spirit". Beide mit Donald Duck als Hauptdarsteller. Er war die am häufigsten eingesetzte Figur. In den Heftpublikationen mussten sich die Disney-Figuren nicht patriotisch engagieren. Hie und da tauchten kriegsbezogene Anzeigen mit Donald z. B. zu Kriegsanleihen auf.

Vor allem aber Superhelden wie Batman, Wonder Woman, Captain Marvel, Captain America, Spy Smasher u.v.a. kämpften brav und blauäugig gegen den Nazi-Terror. Allen voran natürlich Superman, der in dem Kurzcomic „How Superman would end the war" Hitler und Stalin mal kurz am Kragen packte, um ihnen den Krieg auszutreiben. Dieses heldenhafte Engagement der Figuren löste in den USA den viele Jahre anhaltenden Superheldenboom aus.

Marvel Comics engagierte sich besonders gegen Hitlerdeutschland. Das lag mitunter auch daran, dass sowohl Verleger Goodman sowie das Zeichner- und Autorenteam Simon, Lee und Kirby jüdischen Glaubens waren. Zuerst zogen die Helden Torch und Namor in den Kampf. Zum Symbol „des Mutes von Millionen amerikanischer Bürger" wurde ab 1941 die Figur des „Captain America" aufgebaut.

Der Zeichner Simon meinte dazu – „Amerika braucht einen ‚Superpatrioten'". Während des Jahres 1941 verhinderte Captain America mehrere Invasionsversuche der Nazis und war auch unermüdlich im Einsatz gegen deutsche Spione und Saboteure. Ein interessanter Aspekt: Die amerikanischen Helden waren – wen wundert's – stets als Modellathleten zu sehen. Sie besaßen im Grunde jene übernatürlich großen und perfekten Körper, welche die Nazi-Kunst jener Jahre in Plastiken und Bildern verewigen wollte.

Neben den Superhelden gab es auch pseudomilitärische Gruppen wie „die Blackhawks" (die schwarzen Falken), die ihre übermenschlichen Anstrengungen ohne Superkräfte unternahmen. Sie erschienen erstmals im August 1941 in „Military Comics Nr. 1". Sie wurden angekündigt als „Boten der Vernichtung für alles Böse und Ungerechte", die sich trauen gegen die Schutzwälle des Bösen anzukämpfen. Der erste Gegner der Blackhawks trug sinnigerweise den Namen „von Tepp".

Der Geheimagent „X-9" machte in einer Geschichte ein Spionagenetz unschädlich, dessen Chef, Hauptmann Ludwig, mit seiner Arroganz, dem Monokel und dem rasierten Schädel alle jene Kennzeichen des deutschen Militaristen aufwies, den Erich von Stroheim [2] in Hollywood bekannt gemacht hatte.

Auch Alex Raymond nahm schon früh ideologisch gegen das Naziregime Stellung. Seit 1937 wird aus dem Planeten Mongo in „Flash Gordon", bis dahin ein lockerer mittelalterlicher Vasallenstaat, ein straff regiertes totalitäres Reich mit Verhaftungswellen, Militärparaden und politischen Gefängnissen.

1938 – als Österreich angeschlossen und Prag besetzt wurde, entwarf Harold Foster „Prinz Vaillants" Kampf gegen die Hunnen. Die Anspielung ist klar.

In Frankreich schuf der Karikaturist Calvo, Vorbild von Albert Uderzo, 1944/45 die zweibändige Tierfabel mit dem Titel „La bête est mort" (die Bestie ist tot). Eine scharfe Abrechnung mit dem Phänomen Hitler, in dem die Deutschen als Wölfe, die Briten als

Doggen, die Russen als Bären und die Japaner als Affen dargestellt wurden. Hitler jedoch erschien als „Grand Loup" (Riesenwolf), inspiriert durch die Wolfsfigur im Zeichentrickfilm „Blitz Wolf" von Regisseur Tex Avery.

Gerhard Mauch, November 2015

Anmerkungen:
[1] Käthe Kollwitz war eine Malerin, die „das Elend auf der Straße" in eindrücklichen Schwarz-Weiß-Bildern dokumentierte.
George Grosz kritisierte mit zynischen, karikaturistischen Zeichnungen die Zustände in der Weimarer Zeit.
Heinrich Zille dokumentierte mit beeindruckenden Bleistiftzeichnungen das verarmte „Berliner Milieu".
[2] Erich von Stroheim – ein in Wien geborener US-amerikanischer Regisseur, Schauspieler und Schriftsteller.
+ Ich verfüge über einen angemessenen Bestand an Bildgeschichten, die sich mit dem Thema Rassismus, Nationalsozialismus befassen. Mit dem Titel „Die Fratze des Bösen" gibt es eine Sammlung, die über 40 ausleihbare Bände und Bücher enthält. Sie sind in einem kleinen Katalog beschrieben.

Quellen:
Comicmagazine – Comixene Nr. 42, Nr. 78, Nr. 86/87 Rraah! Nr. 54, Geschichte im Comic, Unser Verlag 2000, Comic Jahrbuch 1986, Ullstein Verlag

Zu diesem Aufsatz:

Bildgeschichten gegen das NS-Regime
In den USA wurden bekannte Comicfiguren wie Donald Duck, Superman und Captain America nach dem Kriegseintritt der USA 1942 für die Agitation gegen das NS-Regime eingesetzt. Während der NS-Zeit gab es viele angepasste Zeichner. Der österreichische Zeichner Ladis-

laus Kmoch, der sich mit seiner Figur „Tobias Seicherl" erst satirisch über Hitler ausließ, wurde nach dem Anschluss Österreichs leider auch „zahm". Der Zeichner Carl Meffert blieb bei seiner Überzeugung und floh 1935 nach Argentinien.

抗納粹政權的圖像小說

1942 年美國參戰後，家喻戶曉的漫畫角色，如唐老鴨、超人及美國隊長，都用來作為反納粹政權的宣傳。納粹統治期間，有許多附和納粹理念的插畫家。奧地利插畫家拉迪斯勞斯・柯莫，原本用他的角色「托比亞斯・賽赫」來嘲諷希特勒，可惜卻在納粹合併奧地利後被「馴服」了。插畫家卡爾・梅法特則堅守自己的信念，於 1935 年逃往阿根廷。

Krieg im Comic – „Irmina" von Barbara Yelin

Zunehmend werden in sogenannten Graphic Novels ernste Themen behandelt. Die Comicautorin und -zeichnerin Barbara Yelin [1] hat aus im Nachlass aufgefundenen Briefen und Tagebüchern ihrer Großmutter mit Unterstützung der Familie eine Graphic Novel in drei Teilen erarbeitet [2]. Historische Hintergründe sind sorgfältig recherchiert. Im ersten Teil sind nur wenige Panels mit Rahmen umgeben, pro Seite meist sechs bis sieben Panels. Es gibt auch einige doppelseitige Panels. Farblich bewegt sich die Novel im Grau- bis Hellbraun-Bereich. Nur im zweiten Teil, der in Berlin ab 1937 spielt, taucht die Farbe Rot hin und wieder auf. Mir scheint, besonders an lebensentscheidenden Wendepunkten – die werbenden Rosen, die Gardinen, die Marmelade, die Parteifahne – verwendete die Autorin Rot ...

Das Buch handelt von einer jungen Frau, die von 1934 bis 1936 in London Fremdsprachensekretärin lernt und dann wegen Geldnöten ins Deutsche Reich zurückkehren muss. Die junge Liebe mit dem Jura studierenden „Darkie" aus Barbados endet abrupt. Aus der geplanten Anstellung in Bremen wird nichts. Sie geht nach Berlin ins Kriegsministerium. Als die gewünschte Versetzung nach England nicht klappt, heiratet Irmina im Juli 1937 den SS-Mann und Architekten Gregor Meinrich. Im August 1939 kommt der Sohn Frieder zur Welt.

Geschildert wird der Alltag unter den Nazis, die subtile Anpassung zur Mitläuferin. Gregor, am Anfang begeisterter Anhänger der neuen Nazi-Architektur, wird immer mehr der kritischere Partner in der Beziehung. Als er die Realitäten benennt – die fehlenden Materialien beim Bau, „Es geht NICHT voran!", die Güterzüge Richtung Osten – weist Irmina ihn zurecht: „Nicht vor dem Jungen!" Es ist erschütternd nachzuvollziehen, wie sich die ideologischen Auseinandersetzungen bis in die Ehe hinein auswirken und Vertrauen untergraben. Im September 1943 geht Gregor an die Front. Er fürchtet, hinterher ohne Orden als „schwach" dazustehen. Als der 3-jährige

Frieder fragt, was Juden seien, antwortet Irmina: „Unser Unglück!" – „Und jetzt gib RUH!" An anderer Stelle fragt der Junge nach den Leichen der Juden auf der Straße. Irmina antwortet: „Mach es wie ich! Schau nicht hin!" Dieser gar nicht mehr subtile Spruch zeigt die verinnerlichte Brutalität, die einer Leser*in das Grauen über oft noch heute gelebte, „deutsche" Umgangsweisen beibringt.

Im September 1943 gehen Mutter und Sohn in das Dorf Oberaudorf in Bayern, wo sie ein Telegramm erreicht: Gregor ist gefallen. Die drei folgenden Panels sind so grau-nebelig, wie Irminas Welt jetzt. Im dritten Panel unterlegt die Autorin mit chaotischen Strukturen in Grau und dem „WWRRRRRRRRRRRRRRR" der Sirene, die vor den anrückenden Amerikanern warnt, wie Irmina sich fühlt.

Im dritten Teil des Buches, der in den 1980ern spielt, wird deutlich, wie sehr das Leben unter den Nazis Irmina hat angepasst werden lassen. Sie arbeitet als treue, aufopferungsvolle Sekretärin in einer Schule in ihrem Geburtsort Stuttgart. Dort findet sie ein Brief aus der Karibik. Sie besucht in der Karibik ihren ehemaligen Geliebten „Darkie", der dort inzwischen „Seine Exzellenz, Sir Howard Green, Governor General of Barbados, Vertreter der Krone" geworden ist. Er ist ein beliebter Politiker, der sich „für die Rechte des einfachen Volkes" eingesetzt und die „erste Universität der West Indies" gegründet hat. Howards Frau war schon lange neugierig auf „die mutige Irmina". Als Irmina die Tochter des Ehepaares kennenlernt, ist es eine Überraschung für sie: In ihr lebt ihr Name weiter. In der letzten dargestellten Begegnung beichtet Irmina gegenüber Howard: „Nur – ich wollte doch etwas werden. Jemand SEIN." – „... Howard, ich war nicht ... ich WAR nicht die mutige Irmina ... Kannst du mir das ..." Das Wort „verzeihen" kommt nicht mehr über ihre Lippen. Der mehr als hilflose Versuch, das eigene Versagen zu erklären, kommt nicht an. Beide gehen sprachlos auseinander. So sehr ich gegen Schweigen an sich bin, würde ich hier sagen: Schweigen kann sehr beredt sein.

Die Farben in diesem Teil des Buches werden von vermehrten Brauntönen und dem satten, überbordenden Grün-Blau der Natur in

Barbados dominiert. Irmina „schmeckt" die Freiheit in der Farbe und bringt etwas davon auf Sandalen („Schlapp Schlapp Schlapp") wieder mit nach Hause.

Das Nachwort hat Dr. Alexander Korb (Dozent Universität Leicester, Direktor des Stanley Burton Centre for Holocaust and Genocide Studies, Leicester) geschrieben. Die Geschichte verdeutliche, „dass Wissen ebenso wie Verdrängen ein Prozess [sei], den Individuen aktiv gestalten." (S. 281) Irmina und ihr Mann würden „eine Gemeinschaft des Wegsehens" bilden. Und diese Geschichte wird mit gestalterischen Mitteln von einer Enkelin gelungen dargestellt.

Sehr gut gemacht und sehr packend! Leider hat die Graphic Novel „Irmina" aufgrund des hohen Arbeitsaufwands und der niedrigen Auflagenzahl ihren Preis. Auf jeden Fall eine lohnende Ausgabe!

Heike Oldenburg, Mai 2015

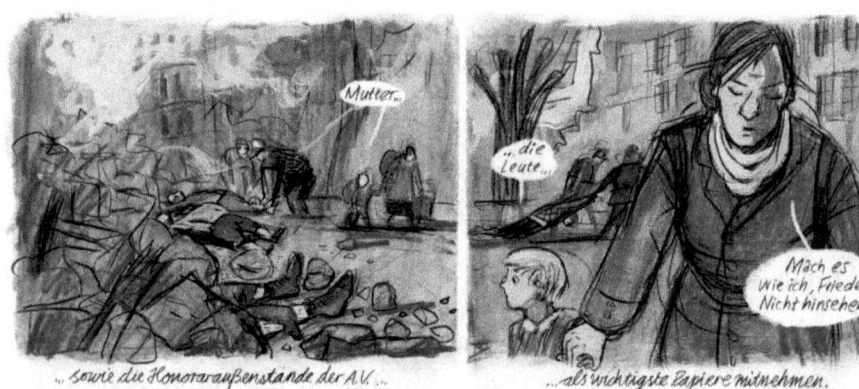

Abb. aus „IRMINA": Krieg ist schlimm. Wegsehen auch.
mit freundlicher Genehmigung von B. Yelin und dem Verlag

Anmerkungen:
[1] Informationen zur Autorin:
http://www.reprodukt.com/kuenstler/barbara-yelin/
[2] Barbara Yelin, Irmina, gebundene Ausgabe, Reprodukt, Berlin 2014, 39 €
http://www.reprodukt.com/produkt/deutscheautoren/irmina/

Zu diesem Aufsatz:
Barbara Yelins „graphic novel" beschreibt das Leben einer Frau vor, in und nach der NS-Zeit. Irminas Leben ist von wachsender Anpassung an die faschistische Diktatur und von Schuld geprägt. Gezeigt wird der (ungebrochene) Blick der Deutschen auf ihre Vergangenheit.

芭芭拉・葉林(Barbara Yelin)的「圖像小說」描述依爾米娜(Irmina)在納粹統治前、統治期間、以及統治後的生活。從附和到贊同獨裁的法西斯主義，讓她也成了共犯。從本書可觀察到德國人仍無法反省自己的過去。

Robert Capa als Künstler-Comic-Biografie im Mini-Format

Willy Blöß, Autor und Zeichner, Jahrgang 1958, arbeitet seit 1998 an seinen einzigartigen Künstler-Comic-Biografien. Im Jahr 2002 erschienen die ersten fünf Bände im Kleinformat. Eine Künstlergruppe, „Der Blaue Reiter", wurde bisher dargestellt. Unter den ausgewählten Künstler*innen befinden sich bisher vier Frauen, Frida Kahlo, Niki de Saint Phalle, Paula Modersohn-Becker und Camille, letztere mit Rodin zusammen. Die ausgewählten Künstler*innen stammen aus dem 15. Jahrhundert (Hieronymus Bosch) bis zum 20. Jahrhundert. Im Jahre 2012 erhielt Blöß für seine Reihe den Deutschen Biografiepreis.

Meist übernimmt Blöß die komplette Herstellung allein, seine Frau koloriert. Die Produktion umfasst etwa vier Monate gründlicher Recherche und zwei Monate Zeichnen. Blöß arbeitet sich durch viel Literatur zu den ausgewählten Persönlichkeiten, die er im Verzeichnis auf der letzten Seite auflistet. Auf der vorletzten Seite befindet sich jeweils eine grobe Übersicht „Zeittafel (Künstler*in)". Daneben zitiert er einen Spruch der dargestellten Person. Bei George Grosz ist es der interessante Satz: „Menner machen Feler." (aus einem Brief von 1959) Blöß hat bei der Lektüre der Literatur keine Schere im Kopf und befolgt keine Tabus. Bei Niki de Saint Phalle zum Beispiel berichtet er die unfassbare Geschichte, dass ihr Psychotherapeut vor ihren Augen einen Brief ihres Vaters verbrannte, in dem er zugab, sie als Kind sexuell missbraucht zu haben. Auch die Weltkriege werden in ihren katastrophalen Auswirkungen schonungslos dargestellt. Blöß´ Zeichenstil ist drastisch und kantig. Die Farben sind bunt und pointiert. Letzteres mag bei der Jugend und den Manager*innen gut ankommen, die aus Zeitmangel gerne zu Blöß´ kleinen Comic-Heftchen greifen. Museen und Kunstlehrer*innen bestellen gerne diese „Alternative zu dicken Wälzern" [1]; trotz ausschließlichem Online-Verkauf hat Blöß in zehn Jahren 100.000 Hefte verkauft.

Im Frühjahr 2013 stellte Blöß ein Heft über Robert Capa her, einen US-amerikanischen Fotografen ungarischer Herkunft. Capa wurde vor allem als Kriegsreporter bekannt; im Jahr 1938 wurde er der größte Kriegsfotograf der Welt genannt. Ab August 1936 fotografierten er und seine deutsche Lebensgefährtin Gerda Taro (eigentlich: Gerta Pohorylle) die Gräuel des Spanischen Bürgerkriegs für verschiedene internationale Zeitungen. Gerda Taro war die erste Kriegsreporterin der Welt. Ihr Tod im Juli 1937 unter einem Panzer traf ihn sehr tief. Sein Buch „Death in the Making" im Jahr 1938 ist ihr gewidmet: „For Gerda Taro who spent one year at the Spanish Front. And stayed on."

Robert Capa wurde als Endre Ernö Friedmann im Oktober 1913 in Budapest geboren. Nach einer unruhigen Jugend und der Flucht vor dem Judenhass nach Deutschland im Jahr 1931 begann er zu fotografieren. Als Friedmann 1933 weiter nach Paris flüchten musste, war die Agentur Alliance hilfreich, seine und Gerdas Fotos unter dem gemeinsamen, amerikanisch klingenden Kunstnamen Robert Capa zu publizieren. Nach der Flucht in die USA 1939 lebte Capa unter diesem Pseudonym weiter als „schwerer Trinker, Glücksspieler und Frauenheld". Nach einer Scheinheirat arbeitete er in weiteren Kriegsgebieten: China (hier lieferte er „die ersten farbigen Kriegsfotos überhaupt"), Zweiter Weltkrieg, Israelischer Unabhängigkeitskrieg. Dort wurde er im Mai 1948 durch einen Bauchschuss selbst leicht verletzt. Kurz zuvor hatte Capa mit John Steinbeck eine Reise durch die Sowjetunion für einen Blick hinter den Eisernen Vorhang gemacht. Zurück in Paris kümmerte er sich um seine Fotografen-Agentur „Magnum", „benannt nach Capas Vorliebe für große Champagner-Flaschen". Er feierte depressiv, mit Schmerzen und fast bankrott seinen 40. Geburtstag. Nur ein Jahr später, im Mai 1954, „erlöste" ihn eine Landmine im Indochinakrieg. Er hatte bei diesem für ihn fünften Krieg auch das unangenehme Gefühl, „erstmals auf der falschen Seite" zu kämpfen: für die Franzosen. Robert Capas letzte überlieferte Worte, fünf Minuten vor seinem Tod waren: „Ich gehe ein Stück. Sagt mir, wenn es weitergeht." [2] Sein nur 41 Jahre währendes Leben war nach dem Tod seiner großen Liebe nicht mehr allzu glücklich. Seit 1955 wird die Robert-Capa-Medaille für besonders engagierte Fotoreportagen verliehen.

Die Mini-Comics eignen sich sehr gut als kleine Geschenke. Der Heftpreis beträgt 3 Euro. Drei der Hefte sind auch als eBook erhältlich.

Heike Oldenburg, Februar 2016

Willy Blöß Verlag, Aachen, www.kuenstler-biografien.de

Anmerkungen:
[1] http://www.kuenstler-biografien.de/video.html
[2] Wikipedia

Zu diesem Aufsatz:
Willy Blöß und seine Frau veröffentlichen seit 1998 Künstler-Biografien als Comics. Diese Lebensbeschreibungen im Mini-Format sind als Informationsquellen sehr beliebt und wurden mit dem Deutschen Biografiepreis ausgezeichnet. 2013 erschien eine Ausgabe über Robert Capa, den berühmten US-amerikanischen Kriegsfotografen.

威立・布羅斯和妻子 1998 年起開始出版藝術家的漫畫傳記。這些迷你傳記類似小型參考書，廣受讀者喜愛，更獲得德國傳記獎的殊榮。該系列於 2013 年出版了著名美籍戰地攝影師－羅伯特・卡帕的傳記。

Ein früher Anti-Kriegs-Comic von einem der Begründer des Comicstrips

Aggressionen hat es in der Menschheitsgeschichte vermutlich schon immer gegeben. Kriege als gewaltvolle Auseinandersetzung unter Zuhilfenahme von Waffen gab es in den letzten Jahrtausenden unendlich viele. Neben „Streit", „Kampf" bedeutet das Wort Krieg (von ahd. *chreg)* auch einfach „Hartnäckigkeit", „Anstrengung". [1]

Eine beachtliche Anstrengung unternahm der äußerst arbeitsame französische Maler, Grafiker und Illustrator Paul Gustave Doré (geb. 1832), um „Die äusserst anschauliche, fesselnde und seltsame Historie vom Heiligen Russland nach den ältesten Quellen und Historikern: Nestor, Nikan, Sylvester, Karamsin, Segur u. a. Erläutert und illustriert mit 500 herrlichen Bildern" [2] zu schaffen. Sie wurde von ihm gezeichnet und von Kollegen in Holz gestochen. Es war sein drittes großes Werk und erschien 1854. Man spürt dem Buch den großen Spaß an, mit dem Doré es offensichtlich geschaffen hatte.

Die von mir besprochene Vorlage ist ein Nachdruck der ungekürzten zweiten deutschen Ausgabe von 1937, übersetzt von Oskar Weitzmann [3]. Die Publikationsgeschichte ist etwas speziell: Die erste deutsche Ausgabe erschien 1917. Bei der Erstveröffentlichung fehlten 23 positive Bilder über die Russen. Daher kaufte die preußische Regierung 1918 die gesamte Auflage auf und zerstörte sie, um Russland nicht zu verprellen. Erst 1937 gab es erstmals eine unverstümmelte Übersetzung. Dem NS-Chefkommentator H. Fritsche gefiel das Werk, jedoch hielt er aus politischen Gründen das Verbot aufrecht: Das Buch wurde als bolschewistische Propaganda angesehen, da darin der Zar schlecht gemacht und somit die Sowjets legitimiert wurden. Nur ein Teil wurde ausgeliefert. Der Rest wurde eingelagert und verbrannte bei Kriegsende.

Was haben wir konkret vor uns? Die aktuelle Ausgabe ist so gestaltet, dass auf 207 Seiten im Format DIN A4 die schwarz-weißen und die zwei farbigen Abbildungen jeweils auf dem rechten Blatt gedruckt sind und die linke Seite leer ist. Die Zeichnungen – von Panels kann mensch noch nicht sprechen, es gibt keine Rahmen –

bewegen sich zwischen daumengroßen Bildchen bis zum Füllen eines ganzen Blattes. Zum Teil sind dann wieder bis zu Dreiviertel der Seite mit Text bedeckt, vereinzelt mit Bildern versetzt. Der erstaunliche Umfang mit nie gesehener Seitenarchitektur war ein Meilenstein zu seiner Zeit!

Die prächtigen Zeichnungen sind durchsetzt mit außerordentlich witzigen graphischen Einfällen am laufenden Band. Sonst wäre diese Geschichte auch inhaltlich kaum auszuhalten, denn von Seite 13ff. bis Seite 121 sind ausschließlich Kriegshandlungen dargestellt.

Es beginnt grandios. Auf Seite 1 steht unter einem schwarzen Kasten: „Der Anfang der Geschichte Russlands verliert sich im finsteren Altertum." Nachdem auf Seite 3 ein verliebter Eisbär und ein Walross zu einem Russen verschmelzen („Die ältesten Quellen berichten, daß um das Jahr 2 oder 2 ½ der schöne Eisbär Polnor sich durch das vielverheißende Lächeln einer Walroßschönen betören ließ, und dass aus dieser verwerflichen Verbindung der erste Russe entsproß."), wird dieser als Baby mit weißer alter Mähne abgebildet. Jedoch im Bild daneben wird der Ursprung auf andere Tiere zurückgeführt („Bei anderen Chronisten findet man indessen eine Pinguinin an Stelle der Walroßschönen als Urahnin aufgezeichnet."). Auf Seite 7 findet sich ein graphischer Kunstgriff erster Güte: Es werden fünf verschieden große leere Kästen angeboten, deren Unterschrift „Geschichtskenner" einlädt, eigene Kenntnisse in dem – vom Verleger zugesprochenen – Platz „einzufügen". Denn dieses „Zeitalter stellt sich in einer Reihe so farbloser Tatsachen dar", dass der Autor zu langweilen befürchte. Zwei Seiten weiter ist ein Wagen mit zwei düsteren Russen darauf gezeichnet, mit zwei Frauen als Ochsen davor. Der ironisierende Bildtext zeigt die schon damals große Bedeutung und die Stärke von Frauen im Alltagsleben auf: „Die alten Russen hielten große Stücke auf ihre Frauen, durch die sie sich in jeder Lage führen und leiten ließen."

Doré hat durch seine einmalige zeichnerische Leistung „in einer Kette von Greueln aller Art die Monotonie vermieden" (Nachwort, Seite IV). Die russische Armee wird auf Seite 179 oben als Partitur dargestellt. Die Darstellung insgesamt kann als rhythmisch bezeichnet werden – Doré war ab sieben Jahren Violinspieler. Diese Abbildungen werden durch kabarettistische, zum Teil schwer übersetzbare Kalauer ergänzt: Als „cachalots" (Pottwale) gesichtet werden, verstecken sich diese im Wasser („cachent à l'eau"). Auf Seite 81/83 wird die Knute „Knotenpunkt der russischen Zivilisation" genannt. In dem Disput, ob die Knute mit zwei oder mit drei Knoten in der Strippe einzuführen sei, waren vier Redner mit ihren ausführlich wiedergegebenen Argumenten so überzeugend, dass am Ende fünf Knoten eingeführt wurden. Auf Seite 89 wird der weitere Verlauf der Regierung Iwans des Schrecklichen (1542 bis 1580) in einem roten verschmierten Fleck abgebildet, der sogar an einer Stelle aus dem Rahmen herausläuft. Damit „läßt sich nur dieser allgemeine Überblick der unzähligen verbrecherischen Vorkommnisse entwerfen, der jedoch alles Wesentliche enthüllt, wenn man dieses kunstvolle Gemälde aus dem richtigen Abstand und mit halbgeschlossenen Augen betrachtet" (S. 89). Die zweite rote Farbstelle stellt das Ende der Herrschaft Iwans des Schrecklichen dar: Über dem „Mer Noire" sind fegende Männer und kniende, wischende Frauen gezeichnet, die „Rußlands heiligen Boden von den Blutspuren einigermaßen (...) säubern." (S. 97)

Ab Seite 121/123 geht es um den Vertrag von Kainardji und den damit einsetzenden dauerhaften Frieden. Katharina die Große „sichert sich die Anhänglichkeit einiger junger Offiziere. (Ja, wenn die Liebe uns gefesselt hält!)" – im dazugehörigen Bild auf der nächsten Seite macht Katharina lieber Liebe mit Offizieren, dargestellt als römische Orgie. Auf Seite 125 ist seitenfüllend das Himmelbett von Katharina angedeutet, mit einem riesigen, feingliedrigen Feigenblatt darüber. Doré beklagt im kleinen Text in der Ecke, dass der „schamlose Starrsinn meines Verlegers" ihn zu diesem Bedecken zwang.

Ob hier eine groteske, propagandistische und plumpe Verzerrung der Geschichte geschah? Diese Arbeit hat eine Sonderstellung in

Dorés Gesamtwerk und einen direkten Bezug zum Krimkrieg (1853 bis 1856). Zu dem möglichen Vorwurf, Doré stelle Russland in einem zu schlechten Licht dar, kann seine spätere Persiflage auf Frankreich – „Folies gauloises" – von 1857 zur Entlastung angeführt werden.
Nach seinem frühen Tod 1883 im Alter von 51 Jahren in Paris wurde Doré fast sofort vergessen. Es lohnt sich meiner Meinung nach, dieses fantasiereiche Buch immer wieder erneut in die Hand zu nehmen und es zu genießen!

Heike Oldenburg, Februar 2016

Gustave Doré: Die äusserst anschauliche, fesselnde und seltsame Historie vom Heiligen Russland nach den ältesten Quellen und Historikern: Nestor, Nikan, Sylvester, Karamsin, Segur u. a. Erläutert und illustriert mit 500 herrlichen Bildern. Erschienen im Bertelsmann Kunstverlag, Gütersloh 1970

Anmerkungen:
[1] https://de.wikipedia.org/wiki/Krieg
[2] frz. „Histoire pittoresque, dramatique et caricaturale de la Sainte Russie"
[3] erschienen im Bertelsmann Kunstverlag, Gütersloh 1970

Zu diesem Aufsatz:
Von dem französischen Maler, Grafiker und Illustrator Gustave Doré erschien 1854 ein 500 Zeichnungen umfassendes Werk über die Historie Russlands. Dabei handelt es sich um eine moderne Vorform des Comics, z. B. gibt es keine Panelrahmen. In dem mit viel Fantasie gestalteten Buch werden blutige und kriegerische Ereignisse der russischen Geschichte auf provokant-fein-humoristische Weise geschildert und kommentiert.

法國畫家、版畫家及插畫家古斯塔夫・多雷在1854年出版了一本以俄國歷史為題材、共有500張圖的反戰漫畫，這其實是現代漫畫的前身（例如：當時的構圖還未使用邊框）。這部充滿想像力的作品以煽動且幽默詼諧的方式，呈現俄國歷史中的爭戰與血腥事件，並加以評論。

Was sind Helden? – Kampf-Mangas aus Japan

Der Begriff des Helden erscheint auf den ersten Blick sehr positiv. Wir begegnen ihm im Alltag meist in der Bedeutung einer besonders verdienstvollen Person, die eine außergewöhnliche und rühmenswerte Tat vollbracht hat oder regelmäßig viele kleine „gute" Taten vollbringt. Doch es gibt auch die Bedeutung des Helden, der aus dem Bedeutungsfeld Krieg / Militär / Kampf kommt und eine eher tragische Figur ist, da er meist auch als eine Art Opfer (der historischen Umstände) angesehen wird. In Deutschland gab es lange keine militärischen Helden mehr, was sich aus der Erkenntnis über die Nazi-Vergangenheit dieser Gesellschaft erklärt. Letztes Überbleibsel mag noch der „Held der Arbeit" sein, der aber auch schon von seinem soldatischen Ehrensockel auf einen Alltagsbereich heruntergeholt wurde. Die Bundeswehr der heutigen „Auslandskriege" fängt nun wieder an, „heldenhaft" kämpfende SoldatInnen zu ehren. Und unter anderem damit wird die Frage interessant, was Helden sind und wie sie aufgebaut werden. Denn ein Held ist man nicht allein, erst die Anerkennung der anderen macht einen dazu. Wer aber braucht Helden, kriegerische? Wer baut sie auf? Und wie und wo passiert das? Ein möglicher Bereich sind natürlich die Massenmedien und damit auch die trivialen, von Medienkonzernen gesteuerten und massenhaft verbreiteten Comics, zum Beispiel japanische Mangas. Diese werden auch in Deutschland immer populärer und sind es daher wert, genauer betrachtet zu werden. Welches Heldenbild beinhalten sie?

Dass japanische Konzerne Fernsehsendungen für Kinder produzieren und auch in Deutschland verkaufen, ist soweit nichts Neues und seit Serien wie „Captain Future", „Heidi" und „Wickie" bekannt. Doch der weltweite Erfolg der Mangas „Naruto" und „One Piece" stellt einen immensen Sprung in der Verbreitung dar. Im Gegensatz zu den früheren Serien, die einen eher europäischen Hintergrund hatten, wird den jugendlichen Lesern mit diesen Mangas eine krasse, sich als „japanisch" präsentierende Darstellung von Kampf und Gewalt vermittelt. Und es scheint, dass diese Darstellungsweise und das mit ihr zusammenhängende Gewaltverständnis sehr umfassend akzeptiert werden.

Der kriegerische Held, der im Kampf Mut und Aufrichtigkeit beweist, wurde in der deutschen Nachkriegszeit gern mit Figuren wie Winnetou wiederaufgegriffen. Damit ließ sich auch der weiterhin vorhandene Militarismus in der Bevölkerung bedienen – und beschönigen. Nach dem Motto: „Wer sagt, dass er mit seiner Gewalt Gutes tut, der kann nicht schlecht sein. Und außerdem wird er ja von höheren Mächten (etwa dem Ehrenkodex der sogenannten Indianer) gesandt." (Befehl war ja schon früher angeblich eben Befehl...). Dem „Indianer" folgten Männer wie James Bond, Captain Kirk, Rambo, Han Solo, Aragorn und auch Harry Potter. Ebenso lassen sich Gestalten wie Schimanski, Tschiller und sogar die reale Person Joseph Fischer in die Reihe der medial aufgebauten Charaktere aufnehmen, die sagen: „Manchmal muss es eben Gewalt sein. Für das Gute! Auch wenn es uns (eventuell) leid tut!"

Was das mit Japan zu tun hat? Sehr viel: Auch diese Gesellschaft hat einen traditionellen Militarismus (den der Samurai, später den der modernen Militärs) zu verantworten bzw. aufzuarbeiten. Auch Japan hat einen Faschismus hervorgebracht, in dem Bürger dieses Landes (und Helfer aus anderen Ländern des Kaiserlichen Imperiums) zuvor kaum vorstellbare Verbrechen begangen haben. Das Ritter-Denken der preußischen Junker und dass der Nazi-Soldaten hat mit dem Ritter-Denken der Samurai bzw. dem der japanischen Soldaten des 20. Jahrhunderts vieles gemeinsam. Nach den Kapitulationen von Berlin und Tokio war dieses Denken aber nicht verschwunden, bei vielen Einwohnern der ehemaligen deutschen und japanischen „Reiche" war die Verherrlichung von „Kampf", „Rasse", Soldatentum und „Opfertod" ungebrochen.

Hinzu kommt in der japanischen Mythologie noch die Vorstellung des „Ninja", heute meist eines guten, selbstlosen und gleichzeitig brutalen Kämpfers aus dem Untergrund, der zwar auf eine gewisse Weise ein Ausgestoßener, vor allem aber ein geheimer Retter ist. (Der

Ninja lässt sich gut mit der zu Anfang der Tolkienschen Geschichte auch im Geheimen agierenden Figur des „Aragorn" vergleichen, der – fast einer geschichtlichen Determiniertheit folgend – aufgrund seines Krieger-Status einen Königsrang beansprucht.)

Und genau dieser Ninja-Typus wird in einigen der heute populären Kampf-Mangas gern gezeigt bzw. geradezu zelebriert. „Naruto" von Masashi Kishimoto bedient mit seiner Vorstellung des bewunderten und fähigen Einzelgängers pubertäre Wunschvorstellungen. Bilder von Macht bzw. Allmacht, Anerkennung durch Höherstehende (in diesem Fall Lehrer und Meister), „Erfolg bei den Frauen" (die in „Naruto" bestürzend unemanzipiert sind) und vor allem ein spannendes und abenteuerliches Leben wirken als Erfolgsfaktoren der Serie. Die jungen Protagonisten sind zudem Heranwachsende mit allerlei Zweifeln und Jugendproblemen, d. h. mit ihnen kann sich der jugendliche Leser identifizieren. Dass Cosplay populär ist, liegt sicherlich auch daran, dass die Verlage mit den Büchern und den animierten Filmen ihre Zielgruppe genau treffen. Harry Potter funktioniert nicht viel anders.

Bei all dem, was auf die Serie projiziert wird, mag es nebensächlich erscheinen, dass deren Bilder und Charaktere einem stereotypen Zeichenmuster folgen und eigentlich in einer schlechten Qualität daherkommen: Es sind im Grunde stets dieselben Manga-Augen, dieselben Grimassen bei heftiger Emotion und dieselben Nah- oder auch Ausschnittansichten der Kämpfenden vor einer Aktion. Der Stil ist erwartbar und wird auch erwartet. Aber diese Eintönigkeit hat schon bei Captain Future niemanden gestört und – was die Literatur betrifft – bei Karl May auch nicht. Zudem kann man das Lesen eines Mangas mit einem exotischen Konzept genießen: Die Bildfolge ist schneller und oft hektischer als etwa bei „Tim und Struppi", traditionell werden die meist mehrere hundert Seiten umfassenden Geschichten von rechts nach links gelesen, Speedlines, Piktogramme und Soundwords werden anders eingesetzt und die (für deutsche Leser) aus weiter Ferne stammende Kampfkunst lässt sich zusätzlich bewundern. Fantasy und Science-Fiction bieten einen enormen Raum für das Versinken in einer Traumwelt und gleichzeitig die Sicherheit, dass das Muster, dem alle diese Produktionen folgen, nicht gebrochen wird. Das ist so innovativ wie Volksmusik.

„One Piece" von Eiichiro Oda hat im Vergleich mit dem in Europa erfolgreicheren „Naruto" den Vorteil, zumindest eine gewisse Art von Subversivität zu beinhalten. Auch hier wird angeblich mit „gutem Recht" gekämpft, das Frauen-Bild ist nur graduell besser und der Leser wird ebenso mit Bildern konfrontiert, die dem Geschehen keine zweite zeichnerische Ebene geben – aber bei diesem Kampf-Manga ist es immerhin möglich, den Sinn der Erzählung anzuzweifeln. Wenn man es genau betrachtet, ist „One Piece" in vielen Fällen eine Art Persiflage seiner selbst. Die Charaktere sind in gewissen Aspekten lächerlich und überzogen, von den seltsamen Eigenschaften, stümperhaften Aktionen, aber auch den übertrieben dargestellten muskulösen Oberkörpern der Männer und den auf (Jungen-)Fantasien zielenden Oberweiten der Frauen bis hin zu der Frage, was diese Geschichten am Ende eigentlich bezwecken sollen. Es ist eben eine Piratenstory und die sind ja oft von anderer Art, siehe zum Beispiel Johnny Depps skurrile Rolle des Jack Sparrow. Letztlich aber bleibt auch „One Piece" eine Serie, die Kriegerdenken fortsetzt.

Denn – auch wenn sich die heutigen Seriengestalten nicht mit der militärischen Ideologie von vor 1945 gleichsetzen lassen – sie widersprechen ihr auch nicht. Die „Helden"-Krieger sind heute mehr auf ihr Aussehen bedacht, sie folgen erotischen, die Leser unterhaltenden und auf „Coolness" ausgerichteten Vorstellungen (wie auch bei Rap-MusikerInnen zu beobachten), es geht ihnen vor allem um ihr soziales Ansehen: Die Geschichten sind damit auf eine Leserschaft in der Pubertät oder Adoleszenz eingestellt. Aber beispielsweise die NS-Jugendideologie hatte ebenfalls ein Denken von kräftigen und schönen Körpern und von Anerkennung und „Ehre" propagiert. Progressives Denken, Aufbrechen von hierarchischen Rollenbildern oder Infragestellen von kriegerischen Strukturen finden hier nicht statt. Kampf ließe sich ja sonst nicht als edel und wichtig bzw. tragisch darstellen. Kampf-Mangas sind in dieser Hinsicht vielleicht keine geradlinige Fortsetzung früherer Denkweisen, aber bestürzend konservativ. Wichtig ist, dabei nicht zu vergessen: Die meisten solcher Mangas lassen sich kaum als „Subkultur" ansehen, sondern sie sind kommerziell erzeugt! Verlage wie Shueisha (hier erscheint das Magazin „Weekly Shōnen Jump", darin „Naruto", „One Piece" und „Dragonball") und Kodansha (mit dem Magazin „Bessatsu Shōnen Magazine", darin „Attack on Titan") machen Riesengewinne und planen den inhaltlichen Fortgang ihrer Shōnen-Publikationen (also der für die Zielgruppe „Jungen" konzipierten Comic-Reihen) anhand der Zufriedenheit ihrer Leser mit den jeweils angebotenen Geschichten. Das Ganze ist ein Millionengeschäft, bei dem der Rahmen der künstlerischen Betätigung vom Profitgedanken gesteckt wird, nicht von einem literarischen Anspruch der Erzählungen – ähnlich wie bei den Shōjo-Mangas, also den für die Zielgruppe „Mädchen" entworfenen Reihen.

Ähnliches gibt es in den USA zu beobachten, wo Comic-Serien wie die „Avengers" – eine Konstellation, die nicht neu ist, sondern noch aus den frühen 1960er Jahren stammt – heute als Spielfilme und in anderen Medien vermarktet werden. Hier sind die ehemaligen Comicfiguren in großem Maß stark erotisiert, es dreht sich um perfekte Körper und ebenso perfektes Verhalten: Niemals „uncool" sein! Diese Bilder vom Kampf bzw. Krieg sind „perfektioniert" im Sinne von geschönt und verherrlicht, eine Schlacht gleicht eher einem Tanz mit vollendeter Choreografie, jeder Schlag oder Schuss wirkt formvollendet. Das Zusehen soll ja ein Genuss (??) sein, der (Super-)Held ein Vorbild. Hierin gleicht „Avengers" vielen modernen Action- und Kriegsfilmen, etwa der Transformers-Reihe (einer japanisch-US-amerikanischen Kooperation). Die wahren Folgen der Kriegsgewalt werden verschwiegen, beschönigt oder heroisiert: Das muss ein Mann abkönnen. Sei ein Mann (aus Eisen), ein Iron Man!

Was den US-amerikanischen Geschichten meist fehlt, ist der apokalyptische Zug vieler japanischer Bildgeschichten. Es geht zwar in US-Erzählungen zuweilen auch um düstere Untergangsphantasien und dramatisch angelegte Beschwörungen großer Kämpfe und „Entscheidungsschlachten" (wobei die natürlich – man siehe die Marvel-Filmreihe – immer wieder fortgesetzt werden können). Doch der historische Bezug zur Vernichtung durch Nuklearwaffen ist eben ein anderer – und auch das Selbstverständnis einer militärischen Supermacht. Jens R. Nielsen betont – so zumindest mein Verständnis seiner Ausführungen –, dass viele japanische Comics sich auf die Erfahrung der Atombombenabwürfe auf zwei japanische Städte beziehen [1]. Oder viel mehr geht es um den dadurch ausgelösten gesellschaftlichen Schock, auch um den Schock der Entdeckung, dass die japanische „Rasse" eben doch keine überlegene ist (weil es so etwas wie „überlegene Rassen" ja ohnehin nicht gibt), sowie um den Schock, den das Gefühl der Hilflosigkeit und der Nutzlosigkeit militärischer Stärke in Zeiten nuklearer Vernichtungsmöglichkeiten bewirkt. Damit stellt sich aber auch die Frage, inwieweit deutsche Leser bei einem solchen „Apokalypse-Denken" in ihrem Rezeptionsprozess unbewusst auf die deutsche Geschichte des Zweiten Weltkriegs zurückgehen – oder sich zumindest auf solche Untergangsvorstellungen einlassen können bzw. wollen.

Die resignative Deutung von (mitunter komplexen) Lebenssituationen erinnert teilweise an pubertäre Verhaltensweisen und dies würde in einem gewissen Sinn zu dem passen, was Nielsen (mit Bezug auf Takashi Murakamis „Superflat-Manifest") über die Infantilisierung der japanischen Kultur nach 1945 schreibt [2] – und es würde damit auch zu der aktuellen (steigenden?) Infantilisierung anderer Gesellschaften und Generationen durch entsprechende Manga-Produkte passen. Osamu Tezuka – von Fans „Gott" der Manga-Geschichten genannt – begründete die Manga-Moderne in Japan, indem er sich für Figuren wie Astro Boy aus purer Begeisterung Disney's Kindchenschema der übergroßen Augen und „süß" wirkenden Gesichtsformen auslieh, um es dann bedeutend und stilprägend zu modifizieren. Stereotype Kunst aus den USA, weltweit anerkannt und nachgeahmt, ähnlich dem Grundmuster von US-amerikanischer Popmusik und von Hollywood-Spielfilmen, wird in Kampf-Mangas vermischt mit einer von ähnlichen gefährlichen Stereotypen und Simplifizierungen geprägten „Jugendkultur" und dazu noch mit einer beschönigenden Vorstellung von (militärischem) Kampf: Das kann all denen, die Geschichten (von Menschen) erzählen wollen, die komplexe Charaktere und innere Konflikte zeigen wollen, die auf einen Wissensgewinn und ein Fragenstellen-Lernen der Leserschaft abzielen, nicht gefallen.

Der Blick auf einen vergleichsweise neuen Shooting-Star der Manga-Szene, „Attack on Titan", zeigt, wie konsumentengerecht hier gearbeitet wird: In den Film-Trailern (etwa bei youtube zu finden) sieht man die enge Verbindung von Manga und modernem Battle- bzw. Splatter-Movie. Die Geschichte um eine von gigantischen Monstern bedrohte menschliche Restgesellschaft wiederholt im Grunde alte Erzählungen, wird im Film allerdings mit dramatischer Raffinesse und mit theatralischen Tricks umgesetzt, die schon aus entsprechenden Seifenopern bekannt sind. Eine tiefergehende Analyse oder eine Kritik sozialer Zustände fehlen völlig, klischeehafte Elemente und „unterhaltsame" Gewaltdarstellungen dominieren, und es werden schließlich auch „Helden" dargestellt, ohne deren Handeln zu hinterfragen. Aber „Attack on Titan" boomt.
Das Ende der – hier wirklich zu findenden – Fahnenstange ist bei all den Comic- und Anime-Produkten erreicht, die unter dem Label „Military Manga" firmieren...

Literatur ist nicht Politik, Comics sind nicht der Spiegel gesellschaftlicher bzw. kriegerischer Entwicklungen, weder in Japan, den USA noch in Europa. Aber Literatur und Comics beeinflussen das Denken der Menschen und die Bilder von Kampf und Gewalt, die in der Gesellschaft vorherrschen. Aus keinem anderen Grund finanziert beispielsweise das US-Militär Hollywood-Kriegsfilme. Disney hat mit seinen Produktionen Millionen in ihren Vorstellungen von Romantik und Abenteuer geprägt, die großen Firmen des animierten Films wie dreamworks und (Disney-)Pixar setzen das fort. Die Welt außerhalb des Literarischen und Zeichnerischen greift auf Bilder zurück, um sie für ihre Zwecke zu nutzen, Videospiele werden zu Werbeflächen des Militärs. Mangas, in denen Gewalt verherrlicht wird, könnten einen ähnlichen Einfluss haben. In der Region Ostasien gibt es lokale Spannungsgebiete, in denen verschiedene Staaten um Rohstoffe und um die geostrategische Vormacht ringen, Japan und China eingeschlossen (und diese beiden Staaten haben eine sich aggressiv entwickelnde Außen- und Militärpolitik). Krisen oder Konflikte sind hier in (naher) Zukunft nicht ausgeschlossen. Deutsche Regierungen schicken die Bundeswehr in Kriege und bewaffnete Konflikte, auch die deutsche Gesellschaft wird davon betroffen sein, das ist zumindest anzunehmen. Auch innerhalb der Bundesrepublik Deutschland sind solche Konflikte zu erwarten. Bei all dem wäre es wünschenswert, wenn statt der Eintönigkeit des Kämpfens, statt des Verletzens und Zerstörens des „Feindes" und statt des Ringens um den Sieg eine andere Idee propagiert würde: die der Vielfältigkeit, des Miteinanders und vor allem des historischen und sozialen Bewusstseins. Doch man kann beobachten: Gewalt, Helden und Krieger sind erwünscht und gefragt. Wie dichtete eins die Erste Allgemeine Verunsicherung: „Starke Männer sind nie passé..." – daraus erklärt sich aber in einem gewissen Sinne auch die andauernde Beliebtheit von Figuren wie (dem Krieger) Asterix und (dem schlagkräftigen Abenteurer) Tim.

Die Zukunft der Kampf-Mangas und ihr Einfluss auf die Massen hat Kritik nötig! Qualität muss eingefordert werden. Hier geht es auch um das Überleben der Kleinverlage mit anspruchsvolleren Werken, die sich auf dem Buchmarkt gegen die riesige Manga-Macht durchsetzen müssen. Viel Verantwortung liegt hier bei Carlsen. Mit Produktionen von Isabel Kreitz wird schon mal ein guter Weg gegangen. avant-verlag, Reprodukt und weitere Kleinverlage für Comics sind dabei zu unterstützen.
Man sollte bedenken: „Banzai" war der Name einer Zeitschrift, die Carlsen von 2001 bis 2005 herausgab – „Banzai" war aber auch der Schlachtruf der japanischen Soldaten im Zweiten Weltkrieg, die für

den Kaiser bzw. für den japanischen Faschismus bis dahin unvorstellbare Verbrechen begingen. Bei einer solchen, die geschichtlichen Ereignisse verharmlosenden Haltung gegenüber den Opfern der japanischen Aggression (und damit auch der Haltung zur deutschen Aggression der NS-Zeit) darf es nicht bleiben. Hier ist das kritische (Kauf-)Verhalten der LeserInnen gefragt.

Positive Beispiele für die Schilderung gesellschaftlicher und historischer Geschehnisse bieten die japanischen Comic-Künstler (die als „Mangaka" bezeichnet werden und als deren „Stars" fast nur Männer erscheinen) jedoch auch:
So schildert Keiji Nakazawa im 1973 erstmals erschienenen Manga „Hadashi no Gen" (zu deutsch „Barfuß durch Hiroshima", japanischer Originaltitel: はだしのゲン) auf sehr eindrückliche Weise die japanische Gesellschaft während des Faschismus bzw. vor und nach dem Atombombenabwurf auf Hiroshima. Er tut dies aus einer autobiografisch fundierten Sicht bzw. vor dem Hintergrund seiner eigenen Erlebnisse und erzählt aus der Perspektive des sechsjährigen Jungen Gen Nakaoka. Die zehnteilige Reihe lässt sich, wenn auch mit der Einschränkung einer auf japanische Menschen beschränkten Opfer-Perspektive, jener Antikriegsliteratur zuordnen, die auf das Leid der Menschen hinweist, ohne allerdings eine tiefergehende Analyse der jeweiligen Ursachen und gesellschaftlichen Hintergründe des Kriegs zu unternehmen. So wird vor allem auf das (Kriegs-)Geschehen in Japan fokussiert – geschildert wird vorrangig Gens Zuhause, die Kinderlandverschickung seines älteren Bruders Akira und die von japanischen Zivilisten innerhalb der faschistischen Gesellschaftsordnung erlittene und zugefügte Gewalt. Szenen von Kampf und Kriegsgewalt sind bis auf einige Panels und bis auf die Darstellung der Atombombenexplosion in Hiroshima im wichtigen ersten Band der Reihe nicht enthalten. Absolut nicht erwähnt werden allerdings die von japanischen Soldaten in China und vielen anderen Ländern Asiens (beispielsweise in Indonesien, den Philippinen, Formosa / Taiwan und Ländern „Indochinas") verübten Verbrechen. Ein solcher Blickwinkel lässt sich, was das Erzählerische betrifft, gut recht-

fertigen, jedoch muss aus historisch-politischer Sicht zumindest darauf hingewiesen werden, dass diese Perspektive viele andere geschichtliche Ereignisse nicht thematisiert: Denn das japanische Militär bzw. seine Soldaten haben mehr getan als zu leiden und zu sterben, sie waren Täter, auch Täter von Kriegsverbrechen.
Nichtsdestotrotz hat Nakazawas Bildgeschichte Stärken, vor allem dort, wo es um pazifistische Aussagen und Haltungen von Gens Eltern und um die Schilderung der Brutalität und Inhumanität der japanischen Gesellschaft jener Jahre geht. (Bei Carlsen sind seit 2004 vier der zehn Teile der gesamten Bildgeschichte in einer Neuauflage erhältlich.)

Tezuka hat in den Jahren 1983 bis 1985 mit „Adorufu ni Tsugu" (zu deutsch „Adolf", japanisch: アドルフに告ぐ) eine komplex gestaltete Geschichte um drei sehr unterschiedliche Personen im Japan der 1940er Jahre vorgelegt, die alle drei den Namen Adolf tragen. Hier werden moralische und politische Fragen aufgeworfen, ohne dass stilisierte Figuren vorkommen. Tezuka zeigt damit mehr noch als bei seinen anderen Bildgeschichten, etwa „Kirihito" (1970-1971, きりひと讃歌) und „Buddha" (1972-1983, ブッダ), dass das Medium Manga (also die Bildgeschichte) durchaus für die Schilderung schwieriger und historisch bedeutsamer Themen geeignet ist.

In Jiro Taniguchis Büchern über eigentlich Alltägliches können die LeserInnen die japanische Gesellschaft sozusagen entblättern und ihre Vielschichtigkeit entdecken. So sind beispielsweise „Die Sicht der Dinge" (2008, 父の暦) und „Der Kartograph" (2013, ふらり, beide bei Carlsen erschienen) äußerst lehrreiche Blicke auf japanische Denkweise und Lebensgestaltung der jeweiligen gesellschaftlichen Phase und zeigen das heutige Japan ebenso wie das des frühen 19. Jahrhunderts. Taniguchi betrachtet in Büchern über Gourmets und Spaziergänger auch anscheinend unwichtige, weil nicht weltbewegende Ereignisse. Er zeigt damit dennoch mehr vom Leben der Menschen als die aufwendig gestalteten und doch auf das Genretypische von Kampf-Mangas beschränkten Werke von Kishimoto und Oda.

Weniger (Action) ist hier deutlich mehr (Erkenntnisgewinn) – und Taniguchis Erzählungen sind auch zeichnerisch bedeutend anspruchsvoller umgesetzt.

Als letztes sei ein (Rück-)Blick auf jenen Manga-Klassiker erlaubt, der einst in Deutschland und anderen „westlichen" Ländern den Manga-Boom und die dazugehörige Anime-Begeisterung begründete: „Akira" von Katsuhiro Otomo (japanischer Originaltitel: アキラ). [3] Diese Comic-Reihe um eine Jugendbande und mysteriöse, magisch wirkende Wesen war genreprägend, sie unterscheidet sich jedoch in einigen Punkten deutlich von ihren heute erfolgreichen Nachfolgern.

Die düstere, apokalyptische Stimmung, die in Otomos Bildern auf eine begeisternde Weise ausgedrückt wird, hat sich auf viele nachfolgende Mangas übertragen. Wieder ist „die Bombe" ein zentraler Teil der Geschichte, hier wird sie als Folge übernatürlicher Kräfte dargestellt. Spannung und rätselhafte Erzählelemente werden in diesem Comic mit durchaus ernsten Themen wie dem Leben in einer modernen, sich in einer Krise befindlichen Gesellschaft vermischt. Helden im Sinne von KriegerInnen, wie sie bei Kishimoto und Oda zu finden sind, sucht man in Otomos Geschichten jedoch vergeblich, denn der Fokus wird nicht auf (Super-)Helden-Charaktere, sondern auf interessante (wenn auch schablonenhafte) Typen gelegt, die ihren Teil zur dystopischen Erzählung von einer scheiternden Gesellschaft beitragen.

Was ergibt der Blick auf Helden in japanischen Bildgeschichten? Geschichtsbewusstsein und ein Blick auf wirkliche Begebenheiten in der Geschichte Japans und Asiens wären begrüßenswert, fehlen aber zumeist. In der jetzigen Form bleiben die als Unterhaltung gedachten Kampf-Mangas auf einer Stufe der (Gewalt-)Verharmlosung stehen und tragen daher nicht zur Aufarbeitung von militärischer Kultur, sondern zur Beschönigung von Kampf und Waffeneinsatz bei. Helden sind weiterhin soldatisch bzw. kriegerisch geprägt, sie erscheinen als mutig, als beinahe perfekt agierende Spezialisten und in einem gewissen Sinn als gute Menschen. Dieser Kampf-Ideologie muss kreativ und klar widersprochen werden!

André Maertens, Februar 2016

Anmerkungen:
[1] Jens. R. Nielsen: Leben mit der Bombe. Der Manga als grafische Erzählform. In: Heinz Ludwig Arnold und Andreas C. Knigge (Hg.): Comics, Mangas, Graphic Novels. (Reihe „Text und Kritik", Sonderband V/2009). Richard Boorberg Verlag, München 2009, S. 211-231, hier S. 217f.
[2] Ebd.
[3] Interessant ist dieser Artikel aus der deutschen Comic-Zeitschrift „Reddition": Thomas Ballhausen: Akira. Versuch der Einschätzung eines Klassikers. In: Reddition. Zeitschrift für grafische Literatur. Ausgabe Sechzig, „Seitenzahl" 1991. – In diesem Zusammenhang sollte noch einmal Nakazawas „Hadashi no Gen" erwähnt werden, da es immerhin bereits Anfang der 1980er Jahre in Deutschland erschien, bei Rowohlt. Doch die Publikation ging nicht über den ersten Band hinaus. – Ebenfalls lesenswert ist ein Artikel, der sich mit der Rezeption von Mangas im Westen befasst und damit, welche Eingriffe beim Übersetzen ins Deutsche und Englische in der Anfangszeit vorgenommen wurden: Martin de la Iglesia: Akira im Westen. In: Nathalie Mälzer (Hg.): Comics – Übersetzungen und Adaptionen. Frank und Timme, Berlin 2015, S. 355-373.

Zu diesem Aufsatz:
In diesem Beitrag werden japanische Mangas und US-amerikanische Comics betrachtet, die Kampf und Gewalt zum Thema haben. Die Frage ist, auf welche Weise in diesen Comics Bilder von „Helden" gezeigt werden und wie eine gewalttätige Lebensweise verherrlicht wird. Besprochen wird auch, wie in anderen Mangas – beispielsweise von Tezuka und Taniguchi – gänzlich andere Lebensweisen als die von „Helden" gezeigt werden.

本文探討以戰爭和暴力為主題的日本和美國漫畫，重點在討論這些漫畫中「英雄」的形象及對充滿暴力生活方式的頌揚。本文也探討其他日本漫畫中（例如：手塚(Tezuka)和谷口(Taniguchi)），所描繪與前述「英雄」完全不同的生活方式。

Ein Vergleich von drei japanischen Kampfcomics

Kampfcomics sind sehr beliebt bei Jungen. Sie finden die Kampfcomics cool und entwickeln großen Enthusiasmus. Ich werde im Folgenden über drei Kampfcomics schreiben und sie vergleichen: One Piece, Reborn! und Kiseijuu. Deren Autoren sind alle Japaner.

„One Piece" ist ein Comic über Piraten. Das „One Piece" ist ein Schatz, den alle Piraten haben möchten. Die Hauptfigur, Ruffy, strebt auch nach dem „One Piece" und wird dann ein Pirat. Die Geschichte beginnt damit, dass er mit seinen Partnern Abenteuer erlebt.

In „Reborn!" geht es um einen Junior-High-School-Schüler, der in der Schule schlecht und völlig unsportlich ist. Eines Tages kommt ein kleiner Mann, der aussieht wie ein Baby, und sagt, dass er einen Mafioso aus ihm machen wird.

„Kiseijuu" handelt von einem Jungen, dessen rechte Hand überraschend von einem Alien befallen wird. Nicht nur das Alien in seiner rechten Hand, sondern viele andere Aliens kommen in die Welt. Die Aliens essen Menschen, um sich zu ernähren. Der Junge möchte das verhindern. Die Geschichte beginnt damit, wie er mit dem Schmarotzer lebt.

In diesen drei Comics gibt es natürlich nicht nur Kampf. Die Figuren kämpfen nicht, weil sie kämpfen möchten. Es gibt immer einen Grund für sie zu kämpfen: für die Liebe, die Freundschaft oder die Familie, das sind meistens die Hauptgründe. In „One Piece" und „Reborn!" unterstreichen die Autoren besonders die enge Partnerschaft zwischen den Freunden. In „Kiseijuu" wird der Schwerpunkt aber auf die Liebe und die Familie gelegt. Aufgrund dieses Unterschieds produzieren die Autoren dann verschiedene Geschichten und Figuren. Da der Schwerpunkt die Partnerschaft ist, gibt es in „One Piece" und „Reborn!" unterschiedliche Figuren, die gleichwertig nebeneinander agieren. In „Kiseijuu" gibt es dagegen nur eine Hauptfigur. Die ganze Geschichte entwickelt sich hauptsächlich um diesen Mann.

Außerdem benutzen die drei Autoren viele Soundwords, damit die Leser die Aktionen realistischer nachfühlen können. Aber der Autor von „Kiseijuu" benutzt besonders viele Lautmalereien. So wie das Soundword ist auch die Bewegungslinie wichtig für einen Kampfcomic. Wenn ein Kampfcomic ohne Bewegungslinien gezeichnet wird, wird es langweilig. Alles sieht still und ruhig aus. Die Angriffsaktionen sind kraftlos und sehen wirklich wie „Bilder" aus.

Der Grund, weshalb viele Leute Kampfcomics nicht lesen möchten, ist, dass zu häufig Gewalt vorkommt. In ihnen sieht man immer Blut und die Organe oder etwas ähnlich Ekelhaftes. Manchmal lässt die Weise, wie der Autor das Bild zeichnet, die Leser sich unangenehm fühlen. So gibt es zum Beispiel in „Reborn!" und „One Piece" auch Menschen mit vielen blutigen Wunden, sie sehen trotzdem gar nicht ekelhaft aus, weil die Figuren nicht wirklich so „tief" verletzt werden. In „Kiseijuu" zeichnet der Autor aber mit einem gegensätzlichen Stil. Die kaputten Organe und das unnormale Todesaussehen werden sehr klar erkennbar gezeichnet und der Autor übertreibt die Darstellung von Leichen. Das Fleisch wird meist gefressen und man kann das Skelett mit Fleisch schon sehen. Natürlich gibt es auch viel Blut. Selbst wenn es ein bisschen ekelhaft ist, ist „Kiseijuu" noch ein gutes Comic für mich.

Wenn die Figuren kämpfen, zeichnet der Autor die Panels in „Kiseijuu" meistens mit waagerechten und senkrechten Linien, in „Reborn!" aber mit schiefen Linien. Mit verschiedenen Linien liegt der Schwerpunkt jeder Kampfszene an verschiedenen Stellen. Auch die Leserichtung ist ungleich. In „Kiseijuu" ist die Leserichtung von oben nach unten. In „Reborn" geht sie von oben rechts nach unten links.

Mit dem Anime-Film von „One Piece" kann man den Plot der Geschichte besser als mit dem Comic verstehen, weil zu viele Panels in „One Piece" wegfallen. Beim Anime-Film von „Reborn!" ist das aber nicht so. Der Plot von „Reborn!" wird in den meisten Anime-Produktionen verändert. Dadurch entstehen auch neue Panels und Panelanordnungen, die sich von denen des Mangas unterscheiden.

Für mich ist es interessant, die Verbesserung des Stils eines Zeichners und Autors zu beobachten. Den Fortschritt kann man anhand der Feinheit der Zeichnungen besonders leicht erkennen. Vom Comic „One Piece" sind schon fast 80 Folgen erschienen. Dessen Fortschritt kann man einfach sehen, wenn man die erste Folge mit der neuesten Folge vergleicht. Die Körperstaturen der Figuren sehen schöner und lebendiger aus.

Alle drei Comics, die ich besprochen habe, finde ich gut. Das Design der Figuren von „Reborn!" ist ausgezeichnet. Die coole Kleidung und der Schmuck, auch die Frisuren gefallen mir. Die Geschichten von „One Piece" und „Kiseijuu" gefallen mir besonders. Die Abenteuer in „One Piece" finde ich aufregend. Vor Rührung über die Partnerschaft zwischen Ruffy und seinen Seeleuten kommen mir oft die Tränen.

Und „Kiseijuu" lässt mich über das Leben nachdenken. Warum „dürfen" wir Tiere essen, die Tiere dürfen aber keine Menschen fressen? Die meisten von uns glauben, dass Menschen die beste Art sind und über allen anderen Arten stehen sollten. Nachdem ich „Kiseijuu" gelesen habe, überlege ich immer, ob wir das Recht haben, Tiere zu essen.

Comics sind nicht so sinnlos, wie die meisten Leute denken. Sie bringen mir nicht nur Spaß, sie lassen mich auch über viele Dinge neu nachdenken.

Eleni Huang, 黃雅婷, Januar 2016

三部日本戰鬥漫畫的比較

　　戰鬥漫畫特別受男孩歡迎。他們覺得戰鬥漫畫很酷，能讓人熱血沸騰。接下來筆者將在本文中介紹並比較三部戰鬥漫畫之間的差異，這三部漫畫分別是：《航海王》、《家庭教師 HITMAN REBORN!》和《寄生獸》。以上三部作品皆來自日本。

　　《航海王》是一部海賊漫畫，所有的海賊都夢想得到一個大秘寶——「One Piece」。主角，魯夫，也為了尋找「One Piece」而成為海賊。故事就從他和伙伴的冒險開始。
　　《家庭教師 HITMAN REBORN!》的主角是一個廢柴國中生，不管學業或是運動都不行。有天來了一個嬰兒，並誓言要把主角打造成一位黑手黨首領。
　　《寄生獸》是關於一個右手意外被外星生物寄生的少年的故事。不僅僅是他的右手，神秘的外星生物遍及全世界。那些外星生物為了生存吃人，主角為了阻止牠們，和右手的寄生獸展開了新生活。

　　這三部漫畫中當然不只有戰鬥，角色們並非因為想要戰鬥而戰鬥。每部作品中都至少有一個必須戰鬥的原因：為了愛情、友情或是家庭，以上是幾個最常見的主因。在《航海王》和《家庭教師 HITMAN REBORN!》中，作者特別強調朋友間堅定的伙伴情誼；《寄生獸》這部作品則是著重在愛情和家庭上。鑒於這些差異，三位作者分別創造出不同的故事和角色。由於《航海王》和《家庭教師 HITMAN REBORN!》將故事重點放在伙伴情誼上，當中就有許多個性不同的角色；而《寄生獸》主要只有一個角色，整個故事主軸都圍繞著他進行。

　　除此之外三位作者都使用了非常多的擬聲詞。藉著擬聲詞，讀者能更真實地感受到動作的行進；而《寄生獸》的作者擬聲詞用得特別多。不單單是擬聲詞，在戰鬥漫畫中速度線也是非常重要的元素。若一部漫畫中沒有任何速度線，畫面將索然無味，所有攻擊動作看起來都虛軟無力，真的就只是靜態的「圖」了。

而「暴力」是多數人不看戰鬥漫畫的主因。有些作品太過暴力，畫面總是充滿鮮血和器官或是其他令人作嘔的東西。但這些令人不快的感受，有時候取決於作者的作畫方式。例如在《航海王》和《家庭教師 HITMAN REBORN!》中也有角色渾身是傷、滿身是血的情節，然而卻一點也不讓人噁心反感，因為這些角色並沒有真的被傷得那麼「深」；可在《寄生獸》中卻不是完全這麼一回事，作者誇大屍體的表現方式，那些破碎殘缺的器官以及奇怪的死狀都被他清楚地描繪出來。那些肉都被啃食到可見骨骸連著殘肉，畫面中當然也充滿鮮血。即便《寄生獸》是部有點噁心的作品，在我心目中它仍是部非常厲害的漫畫。

《寄生獸》的作者通常都繪製垂直和水平的線條來呈現戰鬥畫面；而《家庭教師 HITMAN REBORN!》的作者卻多用斜線表現。畫面中的重點因為不同的線條而放在不同的位置上，閱讀方向也受到影響。若是垂直和水平線條，閱讀方向便是水平；斜線的話，則是由右上看到左下。

《航海王》這部作品，看動畫會比漫畫更能瞭解劇情，其原因是在漫畫中有太多分鏡被作者省略；但看《家庭教師 HITMAN REBORN!》的動畫就不會有這種感覺了，大多漫畫中的劇情都被好好地轉換成動畫，但其中當然也不乏一些有別於漫畫的新編排。

於我而言，觀察作者的進步是件非常有趣的事，藉由作畫的精細程度尤其顯而易見。其中，《航海王》的漫畫已經發行將近 80 集，拿第一集和最新一集作比較，角色的體態看來更加漂亮、更加生動了。

以上提及的三部作品我都覺得很出色。像是《家庭教師 HITMAN REBORN!》的人物設計就十分傑出，絕妙的衣著服飾，甚至是角色的髮型我都很喜歡。

《航海王》與《寄生獸》則是故事劇情吸引我。前者故事中的冒險刺激興奮，而主角魯夫和船員的伙伴情誼也常讓我感動流淚。

　　後者《寄生獸》則讓我思考萬物的生命。為什麼我們「可以」吃其他動物，那些動物卻不准吃人呢？我們之中多數人都認為人類是最高貴的物種，應當立足於其他物種之上。在看過《寄生獸》這部漫畫之後，我常思忖，是否我們真的有這種啖食其他動物的權利。

　　漫畫並非如同其他人所想那樣沒意義。它帶給我的不只是樂趣，也讓我用新的角度去思考事情。

Eleni Huang　黃雅婷，寫於二零一六年一月

Zu diesem Aufsatz:
Normalerweise kümmert man sich nicht um die Technik von Comics, die die Leser eigentlich immer etwas beeinflusst. In diesem Text werden drei Kampfcomics miteinander verglichen und etwas über die Unterschiede zwischen ihnen erzählt: Kiseijuu, Reborn! und One Piece.

即便漫畫家在作畫時所運用的技巧對整體閱讀影響甚遠，一般讀者卻不怎麼在意。本文將比較三部戰鬥漫畫並描述其中差異：《寄生獸》、《家庭教師里包恩》以及《航海王》。

„Die Störenfriede" von Gerhard Mauch
– der erste politische Kurzcomic um die Waffenschmiede Heckler & Koch

Kaum zu glauben – die Leitung des Rüstungskonzerns H+K kommt „zu neuen Einsichten" und stellt seine Fertigung radikal um... leider nur eine Vision und „Happy End" einer fiktiven Comicgeschichte.

Die fiktive Geschichte spielt in einem kleinen, idyllischen Ort irgendwo im Bundesland Baden-Württemberg. Ein Ort, den man als „Mekka der Wehrtechnik für Kleinwaffen" verklären könnte, wenn, ja wenn diese Kleinwaffen nicht schon in unzähligen Kriegen und Konflikten Tod und unsägliches Leid über Millionen von Menschen gebracht hätten.

Es geht um „Heckler & Koch" (in der Geschichte „Hecke+Krach"), einen der aktuell größten Hersteller von Handfeuerwaffen weltweit. Der Konzern verkauft seine Waffen nicht einfach, sondern man weiß, dass konfliktreiche Regionen, Diktaturen und Terrorregime besonders gute Absatzzahlen garantieren. Auf kritische Nachfragen zum Rüstungsgeschäft kommen Standardaussagen wie „wenn wir keine Waffen produzieren, tun es andere..." oder „unsere Waffen töten nicht, sondern die Menschen, die sie bedienen..."

Die Protagonisten der Geschichte sind Irina (28 und russische Spätaussiedlerin), Lukanga (26 und ehemaliger Kindersoldat aus Sierra Leone) und Lukas (23 und ehemals Lehrling bei H+K). Sie lernen sich innerhalb ihres Engagements bei der evangelischen Jugend kennen und freunden sich an. Sie entdecken das gemeinsame Anliegen, auf die menschenverachtende Geschäftspolitik des an „ihrem Ort" angesiedelten Kleinwaffenkonzerns aufmerksam zu machen. Mit vielfältigen, kreativen Aktionen gelingt ihnen dies mal mehr, mal weniger.

Ihr besonderes Anliegen ist, mal hinter „die Fassade" der H+K-Führungsebene zu schauen. Etwas mehr über Mentalität und Motivation dieser „Herrn in Nadelstreifen" zumindest ansatzweise zu erfahren. Und tatsächlich gelingt es der Clique, die Gegenüberstellung von Lukanga und dem H+K-Geschäftsführer Lump zu arrangieren (Opfer und Täter treffen sich...). Das Gespräch mit Lump bleibt nicht ohne die eingangs beschriebenen Folgen...

Besonderer Hinweis: Die Geschichte entstand in etwa 9 Monaten unter aktiver Mitarbeit von Jürgen Grässlin, Deutschlands „Rüstungsgegner Nr. 1" und dem Experten zu Heckler & Koch!

In Verbindung mit der Bildgeschichte (10 Seiten) findet sich in dem 16-seitigen Heft ein kompakter, ergänzender Infoteil u. a. zu Heckler & Koch, den Einsatzmöglichkeiten im Unterricht, Kindersoldaten, Kriegsdiamanten und Rüstungskonversion.

Das Heft kostet 2,50 Euro und im Klassensatz 1,50 Euro. Es ist erhältlich bei Gerhard Mauch (0741-1757903) und den Herausgebern terre des hommes (Herr Willinger, 0541-7101-108) und dem RüstungsInformationsBüro (0761-7678088), außerdem die Deutsche Friedensgesellschaft – Vereinigte KriegsdienstgegnerInnen (DFG-VK).

In Verbindung mit der Comicgeschichte bietet Gischbl eine **Ausstellung mit A3-Originalseiten**, Entwürfen, Skizzen und erläuternden Texten, einen **Vortrag** über die Entstehung der Geschichte und den Konzern Heckler & Koch und einen **Kurs,** der vor allem Jugendlichen die Möglichkeit geben soll, kreativ mit der Geschichte umzugehen.

Weitere Informationen zum Comic „Die Störenfriede" gibt es unter www.fechenbach.de/ws/mauch.htm (in der Rubrik „Comicproduktionen").

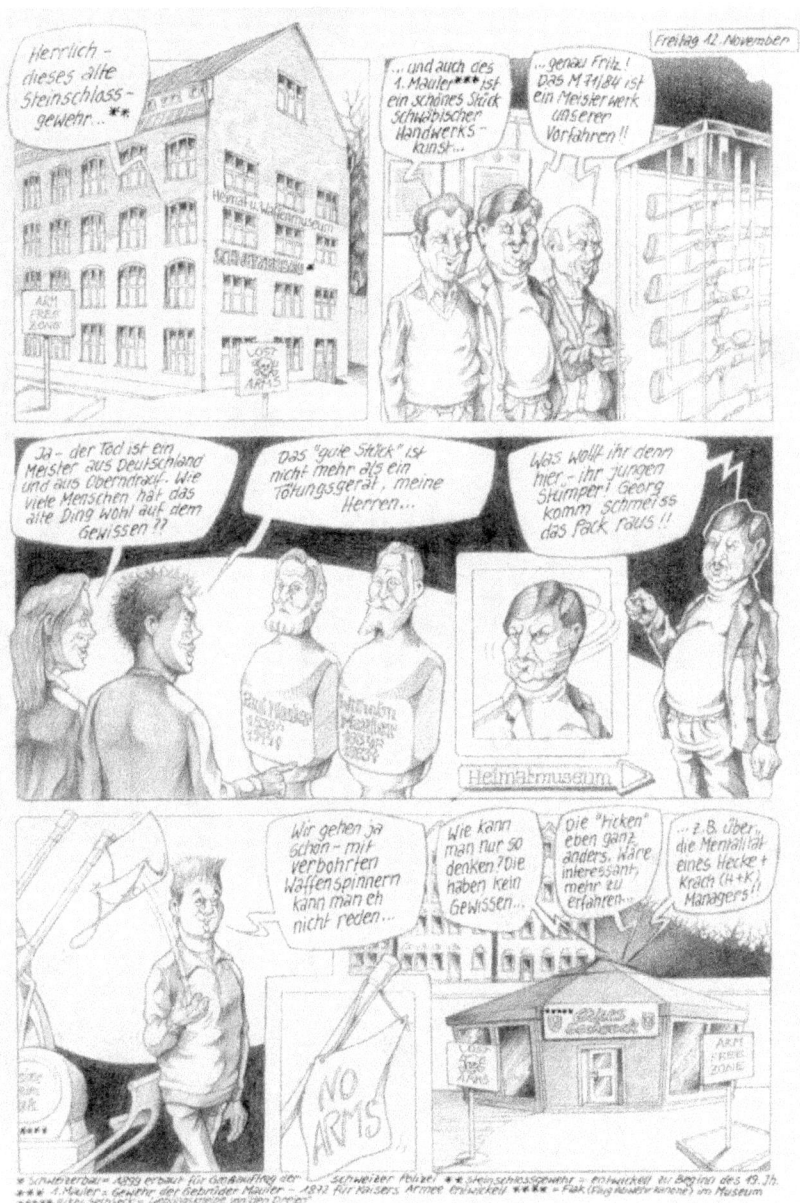

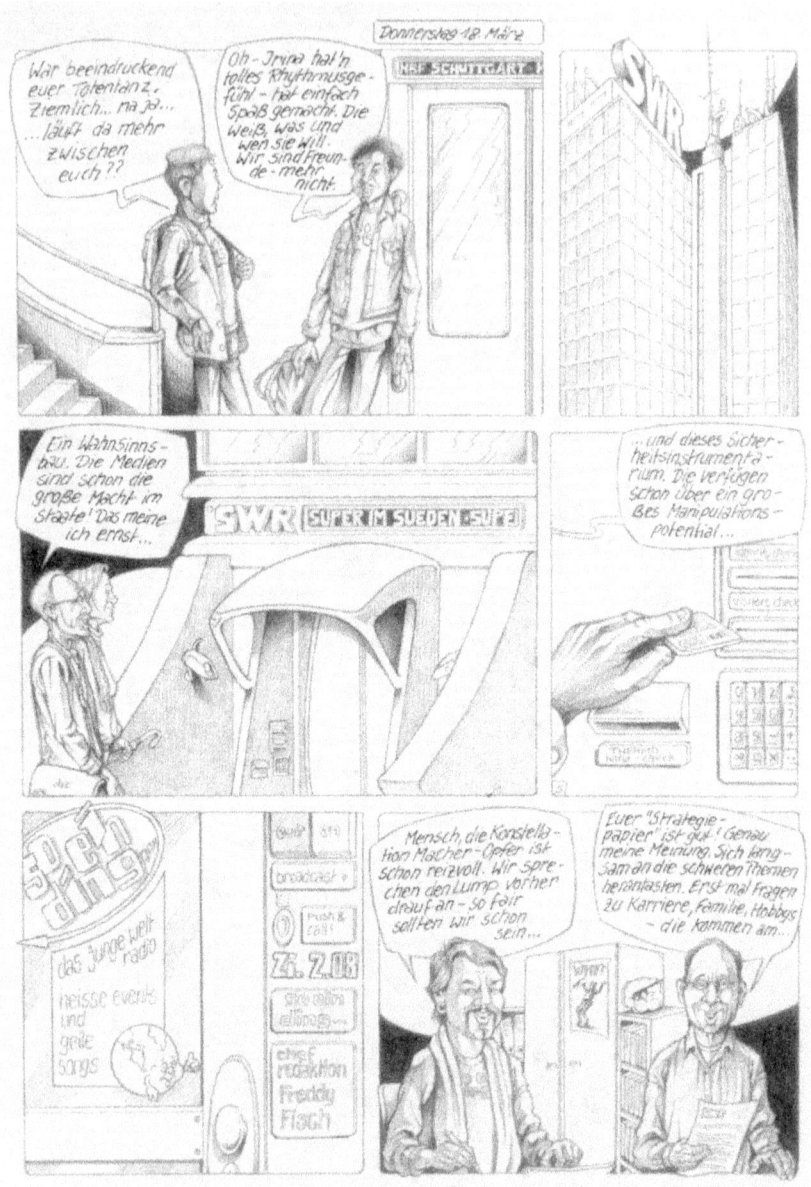

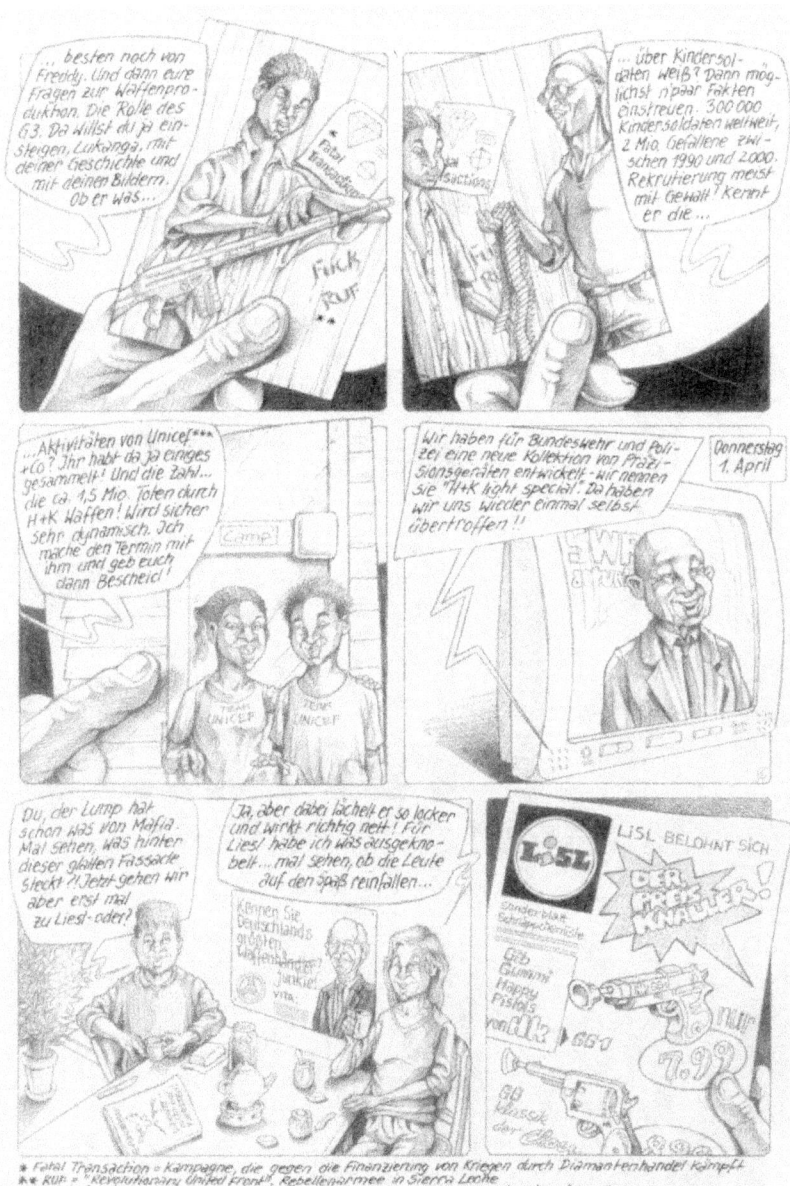

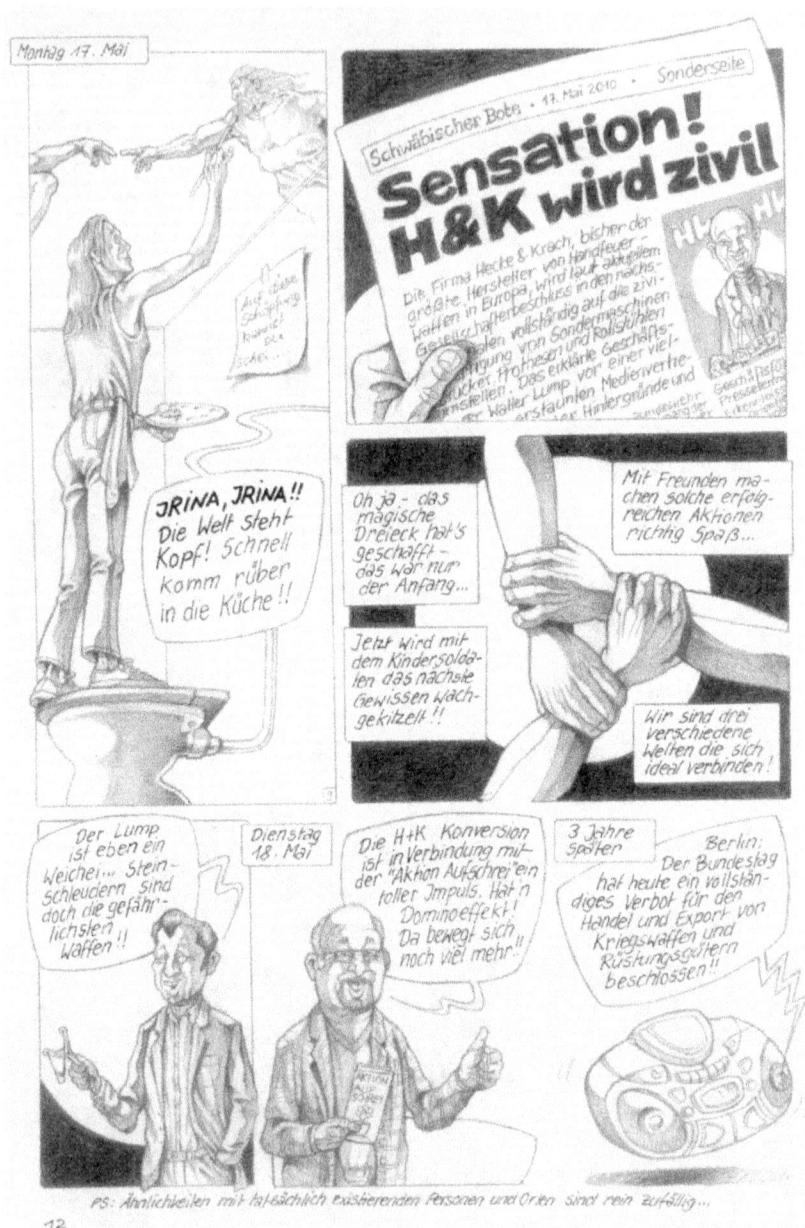

▶ Kommentierte Linkliste

Beim Goethe-Institut (Deutschland) gibt es Infos zu Comics und KünstlerInnen:

http://www.goethe.de/kue/lit/prj/com/deindex.htm?wt_sc=comics
Ebenso beim Goethe-Institut Taipei (Taiwan):
http://www.goethe.de/ins/cn/de/tai/kue/lit/aus.html
Und auch beim Goethe-Institut Litauen (zu Deutschland und den baltischen Staaten):
https://www.goethe.de/ins/lt/de/kul/sup/com.html

Sehr gute Informationsquellen sind:

Gesellschaft für Comic-Forschung: http://www.comicgesellschaft.de/
Patrimonium Deutsche Comicforschung:
http://www.comicforschung.de/
Und eine Informationsseite von fünf Comicverlagen (avant-verlag, Carlsen Comics, Edition 52, edition moderne und Reprodukt):
http://www.graphic-novel.info/

Comic-Festivals:

Internationaler Comic-Salon Erlangen: http://www.comic-salon.de/
Und das größte Comic-Festival Frankreichs und Europas in Angoulême:
http://www.bdangouleme.com/
Comicmesse Köln: http://comicmesse-koeln.de/
Comic-Festival Hamburg: http://www.comicfestivalhamburg.de/
Buchmesse TIBE /台北國際書展(in Taipei, Taiwan), mit großem Ausstellungsbereich zu Comics und Mangas:
http://www.tibe.org.tw/en/

Verlage, die gesellschaftlich interessante Comic-Literatur herausbringen:
avant-verlag: http://www.avant-verlag.de/
Comicplus+ Verlag: http://www.comicplus.de/
Edition 52: http://www.edition52.de/
Reprodukt Verlag: http://www.reprodukt.com/
Salleck Publications (Eckart Schott Verlag): http://salleckpublications.de/
Splitter Verlag: https://www.splitter-verlag.eu/

Taiwanische Comic-Zeitschriften:
人民的聲音 (Creative Comic Collection)
http://gaeabooks.pixnet.net/blog/post/30913129
野星球 (Wild Star)
http://pushcomic.pixnet.net/blog/post/31015601

Ein interessantes Buch über den Austausch zwischen taiwanischen und neuseeländischen Comic-ZeichnerInnen, erschienen anlässlich der TIBE Book Fair 2015:

Island to Island:
a graphic exchange between Taiwan & New Zealand.
(chinesischsprachiger Titel: 島嶼禮物)

Das Buch enthält 1 kurze Bildgeschichten von 小莊 (Sean Chuang), 61Chi、安哲 (Ahn Zhe), 提姆吉柏森 (Tim Gibson), 瑞秋芬頓 (Rachel Fenton), 方樹豪 (Ant Sang).
Es ist 2015 bei der Dala Publishing Company mit Sitz in Taipei erschienen (www.dalapub.com) und wird über die Locus Publishing Company vertrieben (www.locuspublishing.com).

▶Kommentierte Literaturliste

Heinz Ludwig Arnold und Andreas C. Knigge (Hg.): **Comics, Mangas, Graphic Novels.** (Reihe „Text und Kritik", Sonderband V/2009). Richard Boorberg Verlag, München 2009. (eine großartige Einführung ins Thema)

Will Eisner: **Comics & Sequential Art: Principles and Practices from the Legendary Cartoonist.** Poorhouse Press, Tamarac (Florida) 1985. (bedeutender Comic-Zeichner und der erste Comic-Theoretiker aus den USA, auf Deutsch erschien das Buch 1995 unter dem Titel „Mit Bildern erzählen"; 1996 folgte am gleichen Ort „Graphic Storytelling. The Definitive Guide to Composing a Visual Narrative", auf Deutsch 1998 als „Grafisches Erzählen" erschienen)

Paul Gravett (Hg.): **1001 comics you must read before you die.** Quintessence Books 2011. (trotz des unsinnigen Titels ein gutes Übersichtswerk zur Geschichte des Comics von den 1930er Jahren bis in die Gegenwart; gibt es auch auf Deutsch: **1001 Comics, die Sie lesen sollten, bevor das Leben vorbei ist.** Vorwort und deutsche Bearbeitung von Andreas C. Knigge. Edition Olms 2012)

Thierry Groensteen: **Système de la bande dessinée** (Sammlung „Formes sémiotiques"). Presses universitaires de France, Paris 1999. (einer der bedeutenden französischen Forschungstexte zum Thema, 2009 unter dem Titel **The System of Comics** in Englisch erschienen; 2011 folgte **Bande dessinée et narration** am gleichen Ort, 2015 als **Comics and Narration** in englischer Übersetzung erschienen)

Scott McCloud: **Comics richtig lesen.** Carlsen Verlag, Hamburg 1994. (einer der berühmten „Theoretiker" der modernen Comic-Forschung, im Original: **Understanding comics. The invisible art.** Kitchen Sink Press, Northampton 1993; es folgten **Reinventing Comics**, 2000, and **Making Comics**, 2006)

„ZivilCourage – Das Magazin für Pazifismus und Antimilitarismus" ist die sechs mal im Jahr erscheinende Mitgliederzeitschrift der DFG-VK (Deutsche Friedensgesellschaft – Vereinigte KriegsdienstgegnerInnen), dieses Magazin ist aber keineswegs nur für Mitglieder gedacht! Im „Zivilcourage"-Heft 4/2011 schrieb Lothar Eberhard (auf Seite 14) über „Die Störenfriede" von Gerhard Mauch. Der Titel seiner Rezension ist „**Friedensarbeit mit gespitztem Bleistift – Ein Comic zu Waffen, Rüstung und Heckler & Koch**".
Siehe: https://www.dfg-vk.de/verbandszeitung/

▶**Adressen deutschsprachiger Comiczeitschriften:**

Comixene – erscheint schon seit den 80ern – ganz aktuell wieder neu aufgelegt.
red@comixene.com (René Lehner, Zürich)
redaktion@jnk-media.de (Martin Jurgeit, BRD)
www.comixene.de

Comics Info – Herausgeber ist der Verlag Sackmann und Hörndl (Comicplus+). Erscheint dreimal jährlich und ist kostenlos (ca. 30 S.). Gibt es seit ca. 26 Jahren.
sackmann@comicplus.de
www.comicplus.de/comicsinfo/

Comics & mehr – Herausgeber ist der BSE Verlag (Boiselle+Ellert). Erscheint dreimal jährlich und ist kostenlos (ca. 60 S., Format A5). Gibt es seit 1989.
info@bse-verlag.de
http://www.bse-verlag.de/comics-und-mehr-.html

Reddition – Zeitschrift für grafische Literatur – Herausgeber ist der Verlag Volker Hamann, Edition Alfons. Behandelt meist einen Schwerpunkt (z. B. einen legendären Zeichner, eine legendäre Serie

oder ein Genre). Erscheint ca. zweimal jährlich und kostet aktuell 10 Euro (mit gut 70 Seiten). Gibt es schon gut 30 Jahre. (2014 erschien eine Ausgabe, in der auf die vergangenen drei Jahrzehnte und damit auch auf viele Ereignisse und Personen der deutschen Comic-Szene zurückgeschaut wird.)
info@reddition.de
www.reddition.de

Alfonz – der Comicreporter – Herausgeber ist der Verlag Volker Hamann. Erscheint viermal jährlich und kostet 7,95 Euro (ca. 80 Seiten). Gibt es seit 2012.
info@alfonz.de
www.alfonz.de

Zack – Herausgeber ist der Mosaik Verlag (Abrafaxe). Chefredaktion: Georg F.W. Tempel. Erscheint monatlich und kostet 7,90 Euro (ca. 80 Seiten mit fortgesetzten Vorabdrucken von Alben und Serien).
info@zack-magazin.de
www.zack-magazin.com

Über die Autorinnen und Autoren der Beiträge:

Gerhard Mauch (Gischbl):
Ich bin Zeichner, Karikaturist und entwicklungspolitischer Aktivist (Schwerpunkt Fairer Handel). Erst 1996 habe ich meine erste eigene Bildgeschichte gezeichnet und fühle mich im Gruftiealter von 61 Jahren immer noch als junger Zeichner. Acht entwicklungspolitische Bildgeschichten sind mittlerweile entstanden (u. a. in Kooperation mit Misereor und terre des hommes). Ich bin aber auch begeisterter Fan der Bildgeschichte (mit einer großen Sammlung) und verstehe mich als Experte. So entstehen immer wieder Artikel zum Medium.

Heike Oldenburg (geb. 1962), M.A. Anglistik und Psychologie, Abschlussarbeit über Intertextualität am Beispiel von Aristophanes´ und Ralf Königs „Lysistrata". Ehrenamtlich aktiv in der psychosozialen Szene als „Expertin in eigener Sache". Schreibe gerne, u. a. Besprechungen zu Behinderten-Comics in dem Berliner Magazin „WIR".

Eleni Huang, 黃雅婷: Ich bin eine 20-jährige Studentin aus Taiwan, deren Hauptfach Deutsch ist. Aus Faulheit lese ich lieber Comics als Romane. Ich zeichne auch gern, habe aber Probleme, eigene Geschichten zu produzieren.

Eleni Huang 黃雅婷，一個二十歲的臺灣女大生，主修德語。
因為很懶，所以喜歡看漫畫更勝小說。
喜歡畫圖，但對創造自己的故事很有障礙。

André Maertens, 梅安德, (Jahrgang 1973) ist Assistant Professor am Seminar für Deutsch als Fremdsprache der Wenzao Ursuline University of Languages in Kaohsiung (Taiwan) und promovierte an der Albert-Ludwigs-Universität Freiburg über Kriegsliteratur von Gert Ledig. Was grafisches Erzählen betrifft, interessiert er sich besonders

dafür, wie sich mit Bildgeschichten historische und politische Stoffe sowie kriegerische Gewalt darstellen lassen.
Kontaktadresse: andre-maertens@gmx.de

梅安德(1973)助理教授任教於 台灣高雄文藻外語大學德文系，博士論文以戰爭文學為主題，專研德國作家 傑特‧雷帝西(Gert Ledig)的小說。在圖像小說方面，他對漫畫中如何呈現歷史、政治與戰爭暴力等素材興趣特別濃厚。
聯絡方式: andre-maertens@gmx.de

Danksagung an die fördernden Organisationen:

Wir danken unseren SponsorInnen!

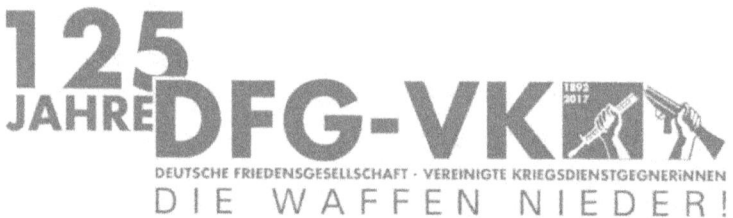

Die DFG-VK, 1892 gegründet, ist die älteste Organisation der deutschen Friedensbewegung. Gemeinsam mit anderen Gruppen und Organisationen im In- und Ausland setzen sich ihre Mitglieder aktiv dafür ein, friedliche Lösungen für Konflikte und Kriege zu erreichen und die Zivilgesellschaft zu stärken. Bekannte Mitglieder waren unter anderem Bertha von Suttner, Carl von Ossietzky, Kurt Tucholsky, Martin Niemöller und Petra Kelly.

▶ **DFG-VK Regionalgruppe Freiburg**
http://www.freiburg.dfg-vk.de/

▶ **DFG-VK Landesverband Baden-Württemberg**
http://bawue.dfg-vk.de/startseite/

▶ Seit 2005 gibt das „Deutsche Aktionsnetz Kleinwaffen Stoppen" (DAKS) monatlich den **DAKS-Kleinwaffen-Newsletter** heraus. Alle Ausgaben finden Sie bei dem in Freiburg ansässigen RüstungsInformationsBüro (RIB e.V.) unter http://www.rib-ev.de/ in der Rubrik „DAKS". Dort können Sie den Newsletter auch als E-Mail abonnieren.

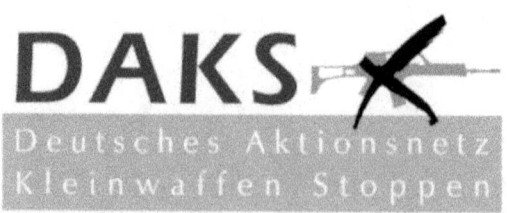

Der Klappentext in weiteren Sprachen:

Angesichts der Tatsache, dass der vorliegende Band zum Teil an der Ursulinischen Wenzao-Universität für Fremdsprachen (文藻外語大學) entstanden ist, und auch, um die für die historische Entwicklung des Comic-Mediums wichtigen Literaturregionen Frankreich/Belgien, USA und Japan zu würdigen, sollen hier die wichtigsten Informationen über den vorliegenden Band in weiteren Sprachen zur Verfügung stehen. Unser Dank dafür geht an die StudentInnen der verschiedenen Sprachen-Departments und besonders an die ausländischen Studenten, die am Chinesisch-Lernzentrum der Wenzao-Universität studieren. Außerdem soll für LeserInnen in China dieser Text in Kurzzeichen zugänglich sein.

Guerre et violence dans les bandes dessinées : Une lecture critique du récit imagé comme support

Ce recueil d'essais vise à motiver le lecteur pour refléter la bande dessinée comme un milieu littéraire – en insistant sur des histoires d'événements politiques et historiques. La variété de la question traitée a pour sujet dans ce livre de tourner autour d'aspects liés, en corrélation, tels que les crises politiques et guerres, armes et violence, crimes de guerre et injustice. Les rédactions présentées ici, ainsi que le passage en revue de la littérature imagée, emporte le lecteur dans différents endroits d'Europe, d'Amérique et d'Asie et dérivent de différentes phases de l'histoire qui sont racontées avec des faits en relation avec des mondes purement imaginaires. Toutes les discussions se focalisent autour de l'impact effroyable et qui suscite l'inspiration chez le lecteur dont ces œuvres littéraires ou « nouvelles imagées » le lui apporte.

Oorlog en geweld in stripverhalen: Een kritische blik op het medium beeldverhalen.

Deze verzameling van artikelen is erop gericht de lezer te motiveren na te denken over stripverhalen als literair medium – met de nadruk op verhalen over politieke en historische gebeurtenissen. De verscheidenheid aan onderwerpen behandeld in het boek draaien om onderling gerelateerde aspecten zoals politieke crises en oorlogen, wapens en geweld, oorlogsmisdaden en onrecht. De diversiteit aan artikelen die in het boek gepresenteerd worden, evenals de beoordeelde grafische literatuur, nemen de lezer mee naar plaatsen in Europa, Amerika en Azië. Verhalen uit verschillende fasen van de geschiedenis worden verteld, evenals puur fantasieverhalen over fantasiewerelden. Alle discussies gaan over de inspirerende en verschrikkelijke gevolgen die deze literaire werken, of "graphic novels," op de lezer hebben.

War and Violence in the Comics: A Critical Reading of the Graphic Narrative as a Medium

This collection of essays aims at motivating the reader to reflect on the comic book as a literary medium – with an emphasis on stories about political and historical events. The variety of issues dealt with in the book revolves around interrelated aspects such as political crises and wars, weapons and violence, war crimes and injustice. The essays presented here, as well as the reviewed graphic literature, take the reader to places in Europe, the Americas and Asia. Stories derived from different phases of history are told, along with stories about purely imaginary worlds. All the discussions centre around the inspiring and appalling impact which these literary works, or "graphic novels," bring to the reader.

漫画における戦争と暴力

本文の狙いは読者に漫画といわゆる雑誌とを反映させて政治的、歴史的な出来事を漫画での説明を交えながら理解を深めることである。多くの論点は漫画のテーマと関連付けられており、政治危機、戦争、武器、暴力や戦争犯罪または戦争がもたらす様々な複雑な事象を含む。また、本文の中で研究している文章、即ち論評している漫画は、その読者をヨーロッパ、アメリカ、アジアを主な対象としている。物語は複数の異なる歴史上で発生した時期から構成されるが、それ以外にも想像上の世界の構成が付け足されている。以上の論点をまとめると、本文での考察の重点はこれらの文学作品、或いは漫画が読者に与えるインパクトや影響の度合いについてである。

漫画中所呈现的战争及暴力：从批判角度看漫画

本文主旨在促使读者对漫画有进一步之认知——并以政治漫画为研究对象，漫画的主题涵盖了政治危机、战争、武器、暴力与违反正义公理之种种现象。文中所探讨的文章，亦即所评论的漫画，来自欧、美、亚各洲，取材为历史上不同的时期，甚至采自幻想世界。本文观察的重点，在于，这些文学作品或是"图像式小说"对读者之影响。

Platz für Notizen ...

... und für Zeichnungen

www.ingramcontent.com/pod-product-compliance
Lightning Source LLC
Chambersburg PA
CBHW050232230526
45470CB00005B/1922